쉽게 읽는
바르트 이야기

존 프랑크 지음 / 론 힐 그림
박형국 옮김

한국장로교출판사

Barth
for Armchair Theologians

by John R. Franke

Illustrations by Ron Hill

Translation by Park Hyung Gug

English Edition ⓒ 2006 John R. Franke
Illustrations ⓒ 2005 Ron Hill, www.ronhilartist.com
Korean Edition ⓒ 2012 by Publishing House The Presbyterian Church of Korea

All rights reserved. No part of this book may be reproduced or transmitted in any form or by any means, electronic or mechanical, including photocopying, recording, or by any information storage or retrieval system, without permission in writing from the publisher. For information, address Westminster John Knox Press, 100 Witherspoon Street, Louisville, Kentucky 40202-1396.

Publishing House
The Presbyterian Church of Korea
Seoul, Korea

옮긴이의 글

박형국

바르트(Karl Barth)의 신학을 전체적으로 소개하는 프랑크(J. Franke) 박사의 소품 「쉽게 읽는 바르트 이야기」(*Barth for Armchair Theologians*)는 칼 바르트의 신학의 애호가뿐 아니라 그의 신학에 관심을 가진 이들에게 작은 선물이 될 것이다. 바르트의 「교회교의학」(*Church Dogmatics*)을 접해 본 독자들은 머리를 끄덕이겠지만, 바르트 신학의 광맥은 이 책의 저자인 프랑크도 언급하고 있듯이, 실로 엄청난 부피와 이해하기도 쉽지 않은 내용 속에 감추어져 있다.

바르트 저작의 그 방대한 부피와 난해한 내용은 그의 신학적인 복음 해석의 풍성한 유익들이 널리 나누어지지 못하게 하는 아쉬움을 낳는다. 바르트 전공자인 역자도 영역으로 거의 8천여 쪽에 달하는 「교회교의학」의 방대한 산맥을 도대체 어떻게 등반해야 할지 생각하면서 늘 절망하곤 하는데, 프랑크 박사는 그다지 부피가 크지 않은 이 소품에서 그 방대한 부피와 난해한 내용을 놀라울 정도로 명쾌하고 간결하게 제시해 주고 있다. 이 소품의 작은 부피는 바젤(Basel)의 거장이 풍기는 양적 위압감에서 독자를 해방시켜 줄 것이다. 그 쪽들을 펼칠 때마다 삽화들과 더불어 산뜻하게 전개되어 있는 내용은 눈에 잘 들어오고 이해하기 수월하게 요약되고 해설되어 있다.

프랑크 박사가 이처럼 작은 부피에 그처럼 명쾌하게 바르트의 방대한 신학을 효과적으로 전달해 주는 이유는 보통 전문적인 학자들이 추구하는 주제적 접근을 피하고 통시적 접근을 취하고 있기 때문일 것이다. 주제적 접근이 조직적인 까닭에 그 내용이 매우 추상적으로 전달되기 쉬운 데 반해서 통시적 접근은 흡사 내러티브와 같아서 읽고 이해하기가 쉽다. 프랑크 박사는 바르트의 신학을 그의 생애와 엮어서 효과적으로 제시해 주는데, 이러한 방식이 바르트 신학의 내용을 큰 어려움 없이 이해할 수 있는 지평을 제공해 주는 것으로 보인다. 프랑크 박사는 바르트의 어린 시절을 포함해서 초기 신학적 자유주의 시절부터 후기 교회교의학 시기까지 그의 생애 전체를 포괄하는 지평을 담아내고 있다. 이러한 포괄적인 전기(傳記)의 지평 속에 제시된 주요 저서들에 대한 간결하고 명료한 요약이 독자들의 쉬운 이해를 돕는다. 그러면서도「하나님의 말씀과 인간의 말」에서「로마서 강해」2판과 기존에 잘 소개되지 못한 최초의 교의학인「괴팅겐 교의학」, 그리고 너무나도 많이 알려졌지만 그 방대한 부피로 인해 전체적으로 조망하기 어려운「교회교의학」에 이르기까지 바르트의 중요한 저작들의 내용을 간결하고도 명쾌하게 전달해 주고 있다.

그리고 이 소품의 특징은 바르트에 대한 비교적 최근의 연구 성과들 — 주로 영미권의 주요한 연구 성과들이긴 하지만 — 을 곁들여서 소개해 주고 있다는 점이다. 프랑크 박사는 기념비적인 폰 발타잘(Hans Urs von Balthasar)의 연구를 포함해서 주로 영미에서 전개되어 온 그 이후의 몇몇 중요한 연구 성과뿐 아니라 가장 최근의 이른바 포스트모던 바르트 연구 성과까지 담아서 소개해 주고 있다. 이러한 소개는 기존의 소개서에 대한 새로운 보충이 될 것이다. 프랑크 박사의 간결하고 명료한 이 소품을 기존에 나와 있는 바르트 전공자들의 보다 조직적인 연구서들과 다른 개론서들을 이해하기 위한 디딤돌로 삼으면 좋을 것이다.

다소 아쉬운 점들도 눈에 띈다. 무엇보다도 변증법적 바르트를 마치 바르트 신학의 종결인 양 몰고 가는 경향이 있는 특정 연구의 관점(특별히 Bruce L. McCormack의 관점)을 그다지 비판적 주의를 기울이지 않고 전달해 주고 있다는 점이다. 그리고 20세기 후반에 바르트의 신학을 비판적으로 계승하고 있는 바르트 이후의 독일의 주요 신학자들(몰트만, 판넨베르크, 융엘 등)의 연구가 거의 소개되지 못하고 있는 점도 아쉬운 대목이다. 그리고 삽화의 사용이 바르트 신학의 내용을 비전문적인 독자들에게 쉽게 전달하는 데는 도움이 되지만, 바르트 신학의 전체적인 관점과 그 주장의 섬세함을 자칫 너무 단순화시킬 위험이 있다는 점도 주의를 기울이며 읽어야 할 것이다. 이 세 가지 아쉬운 점들에 주의를 기울이면서 이 소품을 대한다면, 독자들은 여기에서 바르트 신학에 대한 전체적인 조망을 위한 도움을 얻을 수 있을 것이다. 바르트 신학에 대한 좀더 세심하고 상세한 해설을 원하는 독자들은 저자가 책의 끝 부분에 추천한 해설서들을 참고하면 유익할 것이다.

부디 이 작은 선물이 그 부피의 방대함과 그 내용의 난해함에 기가 막혀서 바르트 신학의 향과 맛을 즐길 시도조차 해 보지 못했던 많은 이들을 이 바젤의 대가의 신학적인 복음해석의 풍성한 식탁으로 초대하는 명쾌한 길라잡이가 되기를 바란다. 아마 번역에 오류가 있을 수 있다. 혹시 발견되는 오류들에 대해서는 독자들의 질정을 바란다. 끝으로 이 책의 출판을 위해 번역을 위촉해 주신 채형욱 목사님께 깊은 감사를 드리고, 교정, 편집, 그리고 출판과정에서 정성을 다하신 한국장로교출판사의 여러분들, 특별히 이현주 선생님께 감사를 드린다.

옮긴이의 글 _ 3
서 론 _ 8

Chapter 1
자유주의 신학과의 만남

· 11

계몽주의 _ 14
슐라이어마허와 자유주의 신학의 출현 _ 19
자유주의 신학의 발전 _ 26

Chapter 2
자유주의 신학과의 결별

· 31

자펜빌의 사회주의자 목사 _ 33
제1차 세계대전과 자유주의 신학의 종식 _ 38
성경의 낯선 새로운 세계 _ 44

Chapter 3
새로운 신학

· 50

로마서 강해 _ 51
탐바흐 강연 _ 62

Chapter 4
불가능한 가능성

· 70

괴팅겐 대학의 개혁신학 교수 _ 72
신학의 불가능한 가능성 _ 79
괴팅겐 교의학 _ 84

Contents

Chapter 5
기독교적인 증언

· 94

뮌스터 대학의 신학 교수 _ 94
본 대학의 신학 교수 _ 99
히틀러를 반대하여 _ 104
바르멘 선언문 _ 109

Chapter 6
교회교의학

· 113

이해를 추구하는 신앙 _ 114
「교회교의학」의 구체적인 모양 _ 117
「교회교의학」에 대한 해석 _ 123
하나님의 말씀에 대한 가르침(CD Ⅰ/1-2) _ 130
하나님에 대한 가르침(CD Ⅱ/1-2) _ 140
창조에 대한 가르침(CD Ⅲ/1-4) _ 147
화해에 대한 가르침(CD Ⅳ/1-4) _ 153
윤리학 _ 160

Chapter 7
바르트의 유산

· 167

은퇴 _ 167
부활한 바르트 _ 170
바르트에 대한 해석들 : 신정통적 해석과 후기근대적 해석 _ 173
변증법적 바르트 _ 178
결론 : 천사들의 웃음 _ 183

각 장의 주 _ 187

INTRODUCTION

서 론

　　미래의 역사가들이 20세기 신학의 전개과정을 회고해 볼 경우, 칼 바르트가 어느 누구보다도 그 시대의 가장 저명하고 영향력 있는 신학자로 우뚝 선 존재라는 것은 의심할 여지가 없다. 그의 사상은 유럽과 북미에서 신학의 방향을 바꾸는 데 결정적인 영향을 미쳤고, 영국과 미국의 배경에서 큰 영향력을 지니고 있으면서도 극단적으로 분열되었던 표준적인 자유주의와 보수주의 신학에 대한 대안을 추구하는 사람들을 위해 열매 맺을 수 있는 자원을 계속해서 제공해 주고 있다. 게다가 그의 신학은 세계 도처의 기독교 사상가들에게 공명을 불러일으켰고, 여전히 계속해서 많은 연구와 대화의 구심점이 되고 있다. 그의 사상과 이렇게 지속적으로 관계하는 가운데 많은 사람들은 바르트를 20세기의 현저한 목소리일 뿐 아니라 기독교회사의 가장 중요한 신학자들 가운데 하나로 간주해 왔다.

그러나 여러 면에서 이러한 관심의 비중이 교회 안에서보다는 주로 학계에 집중되었다. 바르트의 대작인 「교회교의학」(영어번역으로 거의 8천여 쪽에 달하는)의 절대적인 부피와 그의 사유의 복잡하고 종종 반(反)직관적이기도 한 성격을 고려해 볼 때, 이러한 현상은 이해할 만하다. 어느 정도의 참된 이해와 유익을 얻으면서, 그의 저작들과 생각들(ideas)을 탐구하기 위해서는 말할 것도 없고, 단순히 바르트를 읽어 보기 위해서도 신학 분야에서 석사 이상의 고급 학위가 필요하다는 것을 쉽게 가정할 수 있을 것이다.

그러나 이러한 가정은 바르트의 의도들에 부합하는 것은 아니다. 실제로 대학의 지성적 배경에서 신학을 가르치는 일에 그의 대부분의 경력을 보냈음에도 불구하고, 그는 기독교회를 자신의 일차적인 청중으로 간주하고, 그 구체적인 공동체가 예수 그리스도의 복음을 선포하도록 도왔다. 그는 항상 교회의 삶과 사역에 자신의 저작이 미친 영향을 듣는 것을 가장 기뻐하였다. 달리 말하면, 바르트는 결코 상아탑에 갇힌 신학자가 아니었다. 오히려 그는 기독교의 설교와 가르침이 한 손으로는 성경을 읽고, 다른 손으로는 매일의 시사를 전하는 신문을 읽으며 수행되어야 함을 반복적으로 강조하면서 신학과 삶을 열정적으로 관계시켰다.

이 작은 책은 신학적 자유주의에서 새로운 형태의 신학으로 이행하는 바르트의 신학의 여정에 관한 이야기를 전한다. 그는 한편으로는 자유주의 신학의 가정들과 결론들에 저항하면서도 동시에 어떤 이들이 가정하듯이 초기의, 전근대적인 형태의 기독교 정통주의로 단순하게 돌아가는 것을 피하려고 했다. 오히려 바르트는 계몽주의의 지성적인 전통과 개신교 정통주의를 동시에 엄격하게 비판하면서 양자를 대단히 진지하게 해석했다. 그리고 그 결과는 성경과 교회의 신앙에 깊이 몰두하면서도, 당대의 삶과 사상의 질문들과 도전들에 두드러지게 참여하는 신학에 대한 접근방법으로 나타났다.

이러한 신학적 접근은 현대 세계의 현실과 더불어 자신들의 신앙의 헌신을 유지하기 위해 씨름하는 많은 사람들에게 희망과 영감을 제공했다. 동시에 그러한 바르트의 접근방법은 그의 접근이 너무 보수적이라고 생각하는 많은 자유주의자들뿐 아니라 그의 접근이 너무 자유주의적이라고 생각하는 많은 보수주의자들의 분노와 비판을 동시에 불러일으켰다. 이 책에서 독자들은 이러한 이야기 속으로 스스로 들어가 자신의 결론을 내려 보도록 초대받는다.

대강절

펜실베이니아 하트필드에서 존 프랑크

CHAPTER ONE

자유주의 신학과의 만남

　칼 바르트는 1886년 5월 10일에 스위스의 대도시 가운데 하나인 바젤(Basel)에서 기독교 신앙과 신학 전통에 뿌리를 내리고 있는 부모 사이에서 태어났다. 그의 어머니 안나(Anna)는 목사의 딸이요, 그 가족의 많은 구성원들이 목회와 신학에 종사한 가문의 후손이었다. 그의 아버지 프리츠(Fritz)는 신학 학위를 받고 바젤의 목사 양성 신학교(College of Preachers)에서 가르치는 선생이었다. 바르트가 태어난 지 3년 후에 그의 아버지는 대학 교수직 제안을 받아들였다. 프리츠 바르트는 그 당시 실증적 신학(positive theology)으로 알려진 현대적 형태의 보수적인 개신교의 주창자였다. 게다가 프리츠 바르트는 경건주의의 영향을 강하게 받아서 교리가 중요하지만, 정통주의를 그리스도인의 삶의 활력에 부정적인 영향을 미치는 어떤 것으로 간주할 정도로 참된 기독교적 경험을 더 높이 평가해야 한다고 믿었다. 그러므로 바르트의 가정에서는 기독교 신앙의 적합한 표현으로 간주된 경건과 기독교적 경험에 대한 강조가 수반된 기독교 신앙의 의미와 함축에 대한 대화가 늘 넘쳐났다. 이러한 상황에서 어린 바르트가 신학에 대한 관심을 발전시킨 것은 그리 놀라운 일이 아니다.

바르트가 신학 공부를 시작하기로 공식적인 결단을 하게 된 것은 1901~1902년 입교를 위한 교육을 받으면서부터였다. 2년 뒤 학교 교육을 마친 후, 바르트는 베른 대학에서 신학 수업을 시작하였다. 베른에서 네 학기를 수강한 후, 바르트는 그 당시 많은 스위스 신학생들이 하던 전통을 따라 독일로 가서 공부를 계속했다. 바르트는 독일에서 먼저 베를린 대학에서 수업한 후에 튀빙겐 대학으로 갔다가 결국은 마르부르크 대학으로 옮겨서 신학 수업을 계속 받았다. 스위스로 돌아와 신학 시험을 마친 후, 바르트는 마르부르크로 돌아가 1년을 더 공부한 후에 목회사역을 시작하였다.

이렇게 독일의 여러 대학에서 공부하는 동안 바르트는 그의 신학 교육의 방향과 관련해서 아버지와 계속적으로 논쟁하게 된다. 베른에서 첫 학기를 보낸 후, 바르트는 당시 자유주의 신학의 주도적 중심지였던 마르부르크에서 신학 공부를 계속하기 원했다. 그러나 그의 아버지는 아들이 보다 보수적인 분위기에서 신학 수업을 받기 원했고, 결국 두 부자는 타협책으로 베를린 대학을 선택하게 된다. 바르트는 또한 베른에서 한 학기를 보낸 후 아버지의 요구로 보수적인 튀빙겐에서 한 학기 수업을 받았는데, 그의 아버지는 튀빙겐이 바르트에게 보다 보수적인 방향의 신학을 제공해 줄 것이라 기대했다. 그러나 튀빙겐에서의 한 학기 수업은 오히려 역효과를 가져다주었다. 바르트는 보수적인 접근이 변호될 수 없다고 믿게 되었다. 튀빙겐 대학에서 한 학기를 남기고, 그의 아버지는 결국 마음을 누그러뜨리고 바르트가 마르부르크로 가는 것을 허락하게 된다.

　　마르부르크에서 바르트는 당시 독일에서 진보적인 개신교 신학의 지도적인 주창자 중 하나였던 빌헬름 헤르만(Wilhelm Herrmann)에게 배웠다. 바르트는 마르부르크로 오기 전, 이미 헤르만의 신학을 잘 알고 있었다. 바르트는 이미 일찍이 매우 칭송하는 마음으로 헤르

1. 자유주의 신학과의 만남

만의 신학사상을 연구하면서 그의 저서를 읽었다. 이러한 분위기에서 신학과 윤리학의 주제들에 대한 이 존경하는 사상가의 강의를 들으면서 청년 바르트는 헤르만과 그의 자유주의 신학의 방법을 상당히 확신하고 따르는 제자가 되었다. 이 시기에 바르트는 그의 신학을 모든 땀구멍을 통해 빨아들일 정도로 헤르만에 깊이 빠졌다고 고백했다. 바르트가 만난 다른 교수들 중에는 마틴 라데(Martin Rade)가 있었는데, 그는 학생들에게 인기가 있었을 뿐 아니라 친절하고, 또 다가가기도 쉬웠다. 바르트는 라데가 자신의 집에서 규칙적으로 마련한 학생들과의 자유로운 저녁 교제시간에 신학에 대해 토론하며 자주 유쾌한 시간을 보냈다. 라데는 신학 교수일 뿐 아니라 그 당시 독일에서 가장 영향력 있는 신학 잡지 가운데 하나인 「기독교세계」(*Die Christliche Welt*)의 편집자이기도 했다. 라데는 바르트에게 강한 인상을 받아서, 그를 그 잡지의 편집 조교로 임명했다. 이렇게 해서 바르트는 1908~1909년도를 마르부르크에서 보내면서, 그 시대의 신학적 논의에 몰두하며 귀중한 경험을 얻는 기회를 누린 후 목회사역을 시작하게 되었다. 바르트의 생애와 사상에서 후대의 사건들을 이해하기 위해서는 그가 마르부르크에서 수용하고 발전시킨 자유주의 신학의 성격을 파악하는 것이 중요하다. 자유주의 신학의 관심을 이해하고자 하는 데 있어서, 우리는 20세기가 시작되기 이전의 대략 250년, 즉 17세기 중반과 서구의 지성사와 문화사의 가장 중요하고도 광범위한 영향을 끼친 시기들 가운데 등장한 하나의 사조를 뒤돌아봐야 한다.

계몽주의

서구에서 사람들이 하나님, 인간 자신들, 그리고 그들이 살았던

세계에 대해 생각한 공통적인 방식은 '계몽주의', 즉 흔히 '이성의 시대'로 일컬어지는 유럽의 사상과 문화의 시기를 경유하면서 영구히 바뀌게 된다.

넓게 보아 계몽주의는 17세기 중반에서 18세기를 통해 확장되면서 고대 세계로부터 르네상스를 통하면서 기원하는 근대 세계로의 이행의 완성을 나타낸다. 계몽주의에서 일어난 사고에서 가장 기본적인 변화 가운데 하나는 인간과 인간의 능력의 고양된 지위에서 보이는데, 이는 하나님이 역사의 구심점이요, 관심이었던 중세의 일반적인 가정들과 비교된다. 계몽주의는 역사의 초점이 인간과 인간의 활동으로 옮겨진 결과 "신적인 것의 중요성이 인간들의 삶을 위해 어떤 가치가 있는가?"라는 관점에서 하나님을 해명했다.

인간의 이러한 고양된 지위는 기독교 전통에 반대되는 인간들의 지성적이고 도덕적인 능력에 대한 낙관적인 견해와 결합되었다. 계몽주의 이전에 신적인 계시는 인식과정에서 진리의 최종 결정자(arbiter)로 간주되었고, 이러한 계시의 특수한 초점은 성경이었다. 인간의 이성의 역할은 단지 계시와 성경 안에 포함된 진리를 이해하고 따르는 것이었다. 지식에 대한 이러한 이해는 "인간이 이해하기 위해서는 먼저 믿어야 하고, 참된 지식은 인식을 위한 기초인 신앙에서 시작되어야 하며, 이해를 추구해야 한다."는 중세의 신학적 명제에 포착(捕捉)되어 있다.

계몽주의에서 진리의 최종적 판단의 척도로서 외적으로 받아들여진 계시의 관념은 내적인 인간의 이성에 의해 대체되었다. 달리 말하면, 계몽된 인간은 하나님에 대해 말할 권리를 주장하는 어떤 외적인 권위(교회이든지 성경이든지)의 명령에 의해 더 이상 제한을 받지 않으려 한다. 인간은 전통적인 기독교 신앙이 선포하고 가르친 것을 이제는 미신으로 간주하면서, 그것을 맹목적으로 받아들이기보다는 지식을 얻는 수단으로서 이성과 경험이 이끄는 경우에는 언제나 이성과 경험을 따르려 한다. 계몽주의에 따르면, 이제 인간은 알기 위해서 믿기보다는 단지 알 수 있는 것을 믿어야 한다. 도덕과 관련해서도 유사하게, 인간 이성은 모든 사람들로 하여금 내적인 자연·도덕 법칙을 발견하게 하고, 모든 사람의 선을 위한 보편적인 자연 법칙에 부응하게 할 수 있다고 믿게 되었다.

이러한 관점에서 계몽주의 사상가들은 그리스도의 신성, 성경에 기록된 기적들의 확실성, 하나님의 계시의 관념, 성경의 영감과 권위, 그리고 죽은 자로부터의 예수의 부활과 같은 전통적인 기독교의 가르침들에 대한 열정적이고 철저한 비판을 수행했다. 게다가 신적인 계시의 산물로 주장되는 전통적인 기독교 신앙의 가르침들과 교리들을 떠나 인간의 이성이 인간의 번성을 위해 필요한 실천적, 도덕적,

그리고 종교적 자원들을 풍부하게 제공해 준다는 확신은 서구 문화의 삶과 지성에서 성경의 하나님과 기독교 신앙을 주변화시키는 방향으로 작용했다.

　　지식을 위한 기초로서 '신적인 계시' 대신에 '인간의 이성'에 의존하는 것은 계몽주의의 관점에서 보면 중세의 특징인 교회와 성경의 권위에서 인간을 해방시키는 것을 의미한다. 이러한 의미에서 계몽주의는 인간의 지적인 성숙에서 매우 중요한 단계로 간주되었는데, 인간은 계몽주의를 통해 성경과 교회 전통에 의존하는 대신 스스로 생각하는 법을 터득하게 되었다. 계몽주의 사상가들은 기독교가 근대 세계의 이슈들과 관심들을 다루기에는 매우 부적합한 것이라 믿기에 이르렀다. 철학자 임마누엘 칸트(Immanuel Kant)가 말하듯이, 계몽주의는 인간 자신을 괴롭힌 후견(後見)의 상태에서 인간이 벗어나는 것을 의미한다. 후견은 또다른 존재의 도움 없이는 자신의 오성(understanding)을 사용하지 못하는 무능력이다. 이러한 후견에서 벗어나면서 인간은 공동선(the common good)을 위해 자신의 오성을 사용할 용기를 보여 줄 것을 요청받는다. "알기를 두려워하지 말라!" 칸트에 따르면, 이것이 계몽주의의 모토이다. 이와 반대로, 어떤 사람들은 이러한 용기를 신앙을 근절시키는 것이 아니라 오히려 또다른 신앙의 선언을 향한 부름으로 간주하였다. 칼 바르트가 그 성격을 규정했듯이, 계몽주의는 인간의 이성과 능력의 전능성에 대한 신앙의 전제 위에 세워진 사상 체계였다.

계몽주의가 전개되는 과정에서 전통적인 기독교 신앙과 가정들에 대한 비판에 대해 교회와 정통주의 신앙의 주창자들이 보인 반응과 결부된 채, 생각이 깊은 사람들은 꽤 분명하고 단호한 선택에 직면하게 되었음이 점점 더 분명해졌다. 즉, 기독교를 던져 버리고 인간의 자율과 자유의 이상과 함께 계몽주의 세계관을 받아들일 것인가? 아니면 새로운 세계관을 거절하고 계속해서 기독교를 고수할 것인가? 많은 사람들이 보기에는 기독교와 계몽주의 가운데 어느 하나를 선택해야만 했다. 왜냐하면 이 두 세계관은 정합적인 방식으로 함께 견지될 수 없음이 분명해 보였기 때문이다. 그러나 이 두 세계관 가운데 하나를 선택하는 것이 유일한 가능성이라는 것을 모두가 받아들인 것은 아니었다.

이른바 현대신학의 아버지라 불리는 프리드리히 슐라이어마허는 계몽주의와 기독교의 이분법을 거절한 사람들 중에 속한다. 많은 사람들이 보기에, 그의 저작은 신학 연구에 새로운 생명을 불어넣은 것으로 보이는 기독교 신앙에 대한 새로운 접근을 예고했다.

슐라이어마허와 자유주의 신학의 출현

프리드리히 슐라이어마허(Friedrich Schleiermacher, 1768-1834)는 군목으로 섬겼던 개혁교회 목사의 아들이었다. 그의 부모는 18세기에 친젠도르프(Nikolaus von Zinzendorf)의 지도 아래에서 영적 갱신을 경험했던 중요한 경건주의자들의 모임인 모라비안 형제단(the Moravian Brethren) 단원과의 만남을 통해 영적 갱신을 경험한 헌신적인 그리스도인들이었다. 경건주의는 17세기에 독일에서 시작되어 그 당시 개신교회들에서 흔하게 나타난, 메마르고 종종 활력이 없기도 한 교리적 정통주의에 대항해서 개인의 경건과 기독교 신앙의 부흥을 추구한 운동이었다. 필리프 슈페너(Phillipp Jakob Spener), 아우구스트 프랑케(August Hermann Francke), 그리고 친젠도르프와 같은 경건주의 지도자들은 복음과 예수 그리스도와의 생동력 있고 지속적인 교제를 통해 제공된 개인적인 구원의 경험에서 생겨난 성경연구, 설교, 그리고 실제 사역에서의 새로워진 긴급성과 열정을 위한 캠페인을 시작했다. 경건주의 일반을 성격 지우는 이러한 개인적인 경험에 더하여 모라비안 형제들은 공동체의 중요성에도 대단히 헌신적이어서 강한 공동체적 훈련들을 견지(堅持)했다.

복음의 개인적이고 사회적인 함축들에 대한 헌신을 통해 모라비안 형제들은 학교, 고아원, 그리고 여타의 자선기구들을 세웠을 뿐 아니라 직접 전도자들과 선교사들이 되었다. 그들의 신학은 전통적으로 보수적이었지만, 개인적이고 내적인 경험에 대한 강조는 그 경험의 공동체적이고 사회적인 표현과 결합되어 계몽주의의 합리적인 지성주의뿐 아니라 전통적인 개신교의 외적인 형식주의에 대한 중요한 대안을 제공했다.

1783년에 그의 부모는 슐라이어마허를 그의 동생과 누이와 함께 모라비안 기숙학교로 보냈다. 그의 부모는 그들의 자녀가 모라비안 형제단에 의해 이해된 대로의 기독교 신앙을 경험하고 받아들이기를 원했다. 프리드리히는 모라비안 형제단에서 일종의 중생을 경험했다. 실제로 따뜻한 가슴으로 예수에게 헌신하고, 역동적인 예배를 드리고, 친밀한 인격적 교제를 누리는 활력 넘치는 모라비안 공동체 속에서 엄격한 지적 추구의 즐거움은 어린 슐라이어마허에게 그의 남은 생애에 걸쳐서 어떤 틀을 형성할 정도로 중요한 영향을 미친 종교적 경험을 제공했다. 나중에 이러한 경험들의 중요성에 대해 말하면서, 슐라이어마허는 그의 누이에게 보낸 편지에서 종교적 경험과 종교적 신앙의 지적인 정밀성과 비판을 기꺼이 결합하는 이유를 들어, 그 자신을 여전히 '고차원적인 질서'(higher order)의 모라비안 경건주의자로 간주했다.

슐라이어마허에게 그러한 정밀성이 중요한데, 그 이유는 그가 체험한 경험의 강렬함에도 불구하고, 그가 모라비안 형제단에게서 배운 믿음의 어떤 내용의 진실성(veracity)에 대한 회의와 계속해서 씨름했기 때문이다. 모라비안 신학교로 전학한 후에 부친에게 보내는 편지에서 슐라이어마허는 모라비안 신학교의 선생들이 그 시대의 많은 사람들을 괴롭히고 있던 전통적인 기독교의 가르침에 대한 공통의 의심들을 해명해 주지 못하는 것에 대해 점증하는 우려를 표현하고 있다. 그는 결국 고백하기를, 그 자신 또한 이러한 의심들로 인해 어려움을 겪을 뿐 아니라 나아가 예수가 참된 영원한 하나님이라거나 예수의 죽음이 인간의 죄를 위한 대속적 죽음이 된다는 사실을 믿을 수 없다고 했다. 그래서 자신의 의심들에 대한 해결은 오직 자유로운 비판적 탐구의 분위기에서 이루어질 수 있기에 모라비안 신학교를 그만두고 할레 대학에 등록했다고 결론을 내리고 있다. 그는 할레 대학에서 신학과 당대의 철학 연구에 깊이 몰두했다.

이러한 배경에서 슐라이어마허는 후에 자유주의라 불리게 되는 새로운 신학의 패러다임을 형성하기에 이른다. 1799년에 그는 매우 영향력 있는 저작인 「종교론」(*On Religion : Speeches to its Cultured Despisers*)을 출판하게 되는데, 이 작품에서 주장하기를 종교와 기독교의 비판가들은 그들이 거절하는 것(종교)의 참된 본성을 적절하게 포착하지 못하고 있다고 했다. 그는 주장하기를 기독교는 하나의 종교이기 때문에, 한 종교를 구성하는 것에 대한 수정된 이해를 가지고 시작하면서도 그 자체로 고유한 방식으로 이해되어야 한다고 했다. 종교의 본질은 외적으로 평가될 수 있는 외적인 실천사항들이나 구체적인 교리들에 대한 고수에 의해 형성되는 것이 아니다. 오히려 참된 종교는 신적인 것을 향한 내적인 경험과 경건의 성향으로 이루어진다. 그러므로 종교는 세계 안에서의 활동, 즉 도덕과 윤리의 영역뿐 아니

라 세계에 대한 지식, 즉 과학과 역사의 영역과 구별된다. 한 사람을 종교적으로 만드는 것은 신적인 것에 대한 생각들 혹은 믿음들을 가지는 것이 아니라 자신의 삶에서 신적인 것을 경험하는 것, 즉 어떤 사람들은 '하나님'이라 부르고, 다른 이들은 '세계'(Universe) 혹은 '숭고함'(the Sublime)이라 부르는 것과 관계하는 자아에 대한 기본적이고 근본적인 자각을 가지는 것이다.

한편으로는 감정(feeling)을 앎(knowing)과 행함(doing)으로부터 구별하면서도, 또한 감정은 언제나 앎과 행함을 수반한다고 슐라이어마허는 주장한다. 그러므로 그는 종교적이지 않으면서 진정 과학적이고 윤리적이 되는 것은 불가능하다고 주장한다. 그러므로 교양 있는 종교비판가들 혹은 경멸자들이 종교를 거절하는 것은 그들이

22 · 쉽게 읽는 바르트 이야기

공공연하게 헌신하고 있다고 주장하는 학문활동과 도덕활동을 위해 필요한, 바로 그 원천을 자신들에게서 빼앗아 버리는 것이다.

이러한 경험에의 호소는 그 시대의 분위기에 적합했고, 지성인들은 계몽주의의 합리주의를 넘어 이성 너머에 있는 것에 참여하기를 갈망했다. 이러한 운동이 낭만주의로 알려져 있는데, 이 운동은 역사, 언어, 그리고 문화의 특수성들에 대한 외적인 회귀뿐 아니라 경험에 대한 내적인 회귀를 수반했다. 「종교론」의 담화들에 나타나는 슐라이어마허의 종교 개념은 그 구체적이고 역사적인 다양한 표현들 속에서 인간들의 보편적인 종교적 욕구들을 강조함으로써 이러한 관심 모두를 포함했다. 기독교는 기독교 전통의 특수한 언어들과 상징들을 통해 매개된 대로의 이러한 보편적인 종교적 욕구의 표현을 나타낸다.

「종교론」의 담화들은 기독교 신학의 역사적 전환점으로써 근대, 계몽주의 이후의 문화의 범주들과 가정들과 관련해서 신앙을 해석해 보려고 한 그리스도인에 의한 첫 시도이다. 슐라이어마허는 한편으로는 계몽주의의 많은 보편적인 가정들을 긍정하고 받아들이면서도, 다른 한편으로는 그의 시대에 있어서 종교의 의미를 신선하게 해명하고 기독교 신학에 대한 연구를 신적인 것에 대한 인간의 보편적 경험에 기초하여 다시 생각함으로써 합리주의의 한계를 넘어서려 했다.

「종교론」이 출판되고 난 지 몇 년이 지나 슐라이어마허는 할레 대학의 교수로 임명되었고, 그곳에서 철학, 신학, 윤리, 그리고 신약성경 해석에 대한 내용을 강의했다. 그러나 수년 후 할레 대학과 나폴레옹에 의해 점령된 할레 시를 떠날 수밖에 없었다. 그는 베를린으로 옮겨 갔고, 1809년 베를린에 있던 삼위일체교회의 목회사역 제의를 수용하면서 새로운 베를린 대학을 설립하는 일을 도왔다. 베를린 대학에서 신학 교수로 봉직하면서 그는 이러한 활동 영역에서 설교자로서,

또 신학 교수로서 광범위한 영향력을 발휘했다.

슐라이어마허의 가장 중요한 신학 저서는 「기독교 신앙론」(*The Christian Faith*)인데, 이 책에서 슐라이어마허는 특별히 「종교론」에서 처음으로 해명했던 종교의 관점으로부터 기독교 신학을 상세하고도 세밀하게 해석했다. 1821~1822년에 출판된 초판과 개정판, 그리고 1830년의 최종판에서 슐라이어마허는 목회적이고 학문적인 배경에서 보낸 삶의 컨텍스트에서 기독교 신앙에 대한 수년간의 숙고(熟考)를 보여 주었다. 이 책에서 종교적 경험 혹은 감정은 궁극적인 실재를

향한 개인의 기본적이고도 보편적인 자각과 정향(orientation)을 묘사하는 '절대의존의 감정'으로 보다 정확하게 규정되고 있다. 이 저작에서 슐라이어마허는 종교적 감정과 경험을 출발점으로 삼으면서, 그리스도 안에서 이루어진 구속의 경험에 비추어 모든 것을 보는 독특한 기독교에 대해 해명해 주고 있다.

모두가 궁극적 실재와 관계를 맺는다는 점에서 모두가 종교적이면서도, 다른 한편으로는 그리스도인들에게 이러한 감정 혹은 의식은 오직 예수의 인격과의 관계를 통해서만 실제적이고도 구체적인 신앙이 된다. 예수에 대한 신실함이 기독교 신앙을 기독교적인 것으로 규정하는 것이다. 나사렛 예수는 그의 하나님 의식과 자각(절대의존의 감정)이 죄에 의해 어두워지지 않은 자이다. 예수를 이렇게 기독교적인 종교 경험의 초점으로 강조하면서, 슐라이어마허는 기독교의 고전적인 가르침과 교리 전체에 주의를 기울이며, 그것을 종교적 감정의 본성과 기독교적인 특수한 표현에 비추어 재해석하려고 했다.

「기독교 신앙론」은 전통적인 기독교 신앙으로부터의 중요한 전환점일 뿐 아니라 신학사의 주요한 이정표에 해당하는 것이었다. 이 저작은 신학자들 사이에서 논쟁을 야기시켰는데, 어떤 신학자들은 슐라이어마허가 기독교 신앙을 변질시켰을 뿐 아니라 나아가 본질적으로 버렸다고 비난했다. 또다른 신학자들은 계몽주의 이후에 기독교 신앙이 수정되어야 한다고 보면서 슐라이어마허의 설교들과 다른 저작들뿐 아니라 「종교론」과 「기독교 신앙론」에서 제시된 새로운 관점을 받아들여서 자유주의 신학으로 알려진 새로운 운동을 형성하기 시작했다. 슐라이어마허의 사상은 19세기 후반 내내, 그리고 20세기에 들어서 개신교 신학사상을 지배한 자유주의 신학의 발전을 위한 표준을 제공했다. 그래서 슐라이어마허가 근대 혹은 자유주의 신학의 아버지로 알려지고 있다.

자유주의 신학의 발전

슐라이어마허의 사상이 자유주의 신학의 근원이라면, 19세기를 거쳐 20세기에 들어가는 시점까지 그 전통을 발전시키고 확장하는 과제는 다른 신학자들에게 넘겨졌다. 이러한 과정에서 가장 유명한 신학자 가운데 하나가 알브레히트 리츨(Albrecht Ritschl, 1822-1889)이다. 리츨은 19세기 후반의 독일의 개신교 신학사상에 가장 큰 영향을 미친 신학자였다. 그는 당시 신학에서 가장 두드러진 교수 가운데 하나라는 명성을 유지하고 있었고, 그의 교수 말년에는 '리츨 학파'(Ritschlianism)로 알려진, 유명하고 다양한 신학사상 학파의 수장으로 인정받았다. 리츨에게 있어서 기독교의 역사적 내용과 중심적 확신은 '하나님 나라'에 관한 예수의 선포에서 발견될 수 있었다. 예수는 새로운 종교적 가르침의 담지자요, 하나님 나라의 초점으로 간주된다. 여기서 '하나님 나라'는 리츨이 예수가 세운 공동체의 새로운 삶에 대해 말하기 위해 사용한 개념이다. 이 공동체는 기독교 신앙의 주된 측면인 대단히 윤리적 차원의 성격을 지니는데, 이러한 성격은 교리적인 혹은 형이상학적인 믿음과 관심에 반대되는 것이다. 그리스도인이 된다는 것은 예수의 윤리적이고 도덕적인 가르침을 따르는 것이다.

리츨에게 있어서, 한편으로는 예수가 기독교의 중심에 있지만 다른 한편으로는 고전적인 기독교 사상이 주장하듯이, 예수가 인간의 형상을 취한(성육신된) 영원한 하나님의 아들로 간주되어서는 안 된다. 오히려 예수는 전통적인 기독교의 도그마의 가정들보다 역사의 연구를 통해 알려질 수 있는 인간 설교자요, 선생이었다. 리츨이 믿기에 기독교의 창시와 발전에 대한 역사적 연구를 통해 기독교가 체현하고 있는 인간적 가치들과 이상들에 대한 우리의 이해가 더욱 깊어지고

넓혀질 수 있다. 신학은 가장 고차원적인 인간의 선이 예수 그리스도에 의해 계시된 하나님의 나라에서 발견될 수 있는 가치판단을 집단적으로 내리는 공동체인 기독교회의 종교적이고 윤리적인 관심들에 대한 역사적 탐구에 해당한다. 이러한 주장이 담고 있는 진리는 인간의 가장 고차원적인 이상들을 표상하는 예수의 생애와 가르침에 대한 역사적 탐구에 의해 지탱된다. 리츨의 사상에서 신학 연구는 역사비평적 탐구를 통해 발견되어야 하는 외적인 형식들과 구별되는 어떤 것으로서, 기독교의 참되고 지속적인 본질을 규정하려는 노력이다.

역사적이고 공동체적이고 윤리적 삶에 대한 리츨의 강조는 개

인적인 신앙의 경험에 대한 그의 신학의 이해에 어떤 여지도 남기지 않았다. 그는 슐라이어마허의 경험적 종교론에 매우 비판적이었다. 종교의 일차적 관심은 감정과 경험의 영역에 있는 것이 아니라 오히려 도덕적이고 윤리적인 삶을 영위하고자 하는 의지와 결단에 속하는 것이다. 기독교는 체험적이고 이론적인 지식의 형태로 이해될 것이 아니라, 오히려 실천적인 윤리적이고 도덕적 활동으로 이해된다. 리츨에게 있어서 이는 하나님 나라에 대한 성서적 관념이 도덕적인 방식으로 해석되어 기독교의 경건(religion)과 윤리(ethics)가 풀릴 수 없이 결합되어 있는 것으로 간주된다. 그 결과 기독교 신앙은 오직 윤리의 맥락에서만 긍정되고, 그 진실성이 검증될 수 있다.

      빌헬름 헤르만(1846-1922)은 리츨의 제자들 가운데 하나였다. 헤르만은 모든 형태의 형이상학적 신학에 대한 리츨의 경멸과 윤리에 대한 강조를 공유하면서도, 신앙이 역사적 지식에 의존하는 방식들을 리츨이 너무 과장한다고 믿었다. 헤르만은 주장하기를 종교는 과학, 역사, 그리고 윤리를 포함하는 모든 여타의 인간의 활동과 탐구의 영역과 구별된다. 그래서 리츨은 이들 사유 영역들의 각각에 관심을 두면서도, 그들 가운데 어느 것도 종교적 신앙의 진리를 증명하거나 검증해 줄 수 없다고 주장했다. 그가 믿기에 종교적 신앙은 모든 다른 형태의 앎(knowing)과 명확하게 다르다. 이것은 예컨대 과학의 세계로부터 신앙의 세계로 움직여 나갈 길이 없음을 의미한다. 마찬가지로 역사적 탐구는 자연세계에 제한되기 때문에, 그것은 참된 종교의 어떤 점을 드러낼 수 없다.

1. 자유주의 신학과의 만남 • 29

헤르만의 관점은 리츨을 따르는 신학자들 사이에 중요한 토론과 비판을 촉발시켰는데, 이들은 헤르만의 신앙과 다른 형태의 지식 간의 강한 구별이 본질상 종교를 그 자체의 사적인 맥락에 국한시키게 되어 어떤 공적 담론과 참여로부터 단절시키게 된다고 보았다. 칼 바르트가 마르부르크에서 받아들이고, 스위스의 목회사역의 도전들 속으로 가지고 온 것이 바로 이 헤르만의 신앙에 기초된 자유주의 신학이었다. 이 헤르만적인 자유주의 신학에 대한 그의 이후의 응답이 20세기 신학의 역사를 결정적으로 바꾸게 될 것이었다.

CHAPTER TWO

자유주의 신학과의 결별

칼 바르트는 1909년에서 1911년까지 제네바에 있는 독일어를 사용하는 지역의 개혁교회 부목사로 섬기면서 그의 목회의 삶을 시작했다. 그는 1909년 9월 26일 임명되어 첫 설교를 전했다. 바르트에 따르면, 그가 사역을 시작하기 위해 강단으로 올라가기 5분 전에 은사였던 헤르만 교수가 직접 보낸 윤리학에 관한 책의 새로운 개정판을 받았는데, 당시 바르트는 이렇게 우연으로 보이는 것이 그의 미래 사역의 방향을 지시하고 있다고 믿었다.

그 다음 2년 동안 바르트는 목회사역에 거의 모든 노력과 시간

· 31

을 쏟아 부었다. 그는 설교에 특별히 많은 관심을 기울였다. 바르트는 이 기간에 대략 1,600여 쪽에 달하는 설교를 한 단어 한 단어 꼼꼼하게 작성했다. 이 설교들은 신학과 목회에 대한 바르트의 견해를 따라 매우 학문적이고, 또 상당히 자유주의적이었다. 예컨대, 이 초기 설교들은 다음과 같은 내용을 포함하고 있다 : "가장 위대한 것은 우리의 가슴에서 일어나는 것입니다.", "성경의 권위에 대한 칼뱅의 견해는 우리에게 전혀 적합하지 않습니다.", "그것들[십계명]은 때로 우리의 필요에 비해 너무 많은 것을 포함하고 있고, 때로는 너무 적은 것을 포함하고 있습니다".

이러한 설교에서 바르트는 증거하기를 "야고보는 지금 이 연약한 순간에 우리가 보고 있는 부분을 썼습니다."라고 하였고, 또한 "만

일 예수가 칼케돈 신조에 제시된 것과 같다면 나는 예수에 관심을 가지지 않을 것입니다."라고 선포하면서, 바르트는 칼케돈 신조에서 제시된 그리스도에 대한 정통적 이해를 거절했다.[1]

제네바에서 바르트는 자주 종교개혁가인 칼뱅이 강의하고 설교했던 공회당의 강단에서 설교를 전했다. 바르트는 나중에 이에 관해 언급했는데, 칼뱅이 당시 그 강단에서 전한 자신의 설교를 거의 기뻐하지 않았을 것이라고 했다. 그러나 당시 바르트는 그의 가르침을 온전히 확신하고 있었다. 바르트는 당시 자신의 모습을 "모든 것을 알 뿐 아니라 그 누구보다도 더 잘 알고"[2] 있고, '흔들릴 수 없는 확신'을 가지고 가르치고 설교한, 확신에 찬 자유주의자로 묘사하고 있다. 제네바에서 부목사로서 2년을 섬긴 후, 바르트는 1911년 여름에 스위스의 작은 도시 자펜빌(Safenwil)로 옮기게 되는데, 그곳에서 지역교회의 목사로서 그의 다음 10년으로 이어질 목회의 삶을 보내게 된다.

자펜빌의 사회주의자 목사

자펜빌에서 지역교회 목사로 보낸 10년은 바르트의 생애를 형성하는 데 가장 중요한 시간이 되었다. 이 기간 목회사역의 현실에서 바르트의 사상이 모양을 갖추고 변화되어 급기야 신학의 적절한 방향과 관련된 마음과 가슴의 변화로 이어졌다. 몇 가지 요인들이 바르트의 유명한 '자유주의와의 결별'을 촉진시켰다. 가장 중요한 요인은 두말할 필요 없이 1914년 8월에 일어난 제1차 세계대전이다. 그러나 이 대재앙의 사건 이전에 이미 바르트는 그의 자유주의 스승들과 동료 학생들을 부추긴 자유주의 세계관의 가정들로부터 점점 더 소원해지는 느낌을 받았다.

자펜빌에서의 초기 몇 해 동안, 바르트는 당시 스위스에서 그 절정에 이른 사회민주주의 운동을 경험하게 되었고, 그 후 수년에 걸쳐 노동자 계급의 곤경에 점점 더 관심을 가지게 되었다. 그 지역의 정치적, 사회적 문제들에 대한 광범위한 참여와 지도적인 기독교 사회 사상가들에 대한 연구를 통해 바르트는 새로운 세계, 즉 가난하고 시민권을 박탈당한 사람들에 대한 억압을 종식시키고 부유한 사람들을 도전해서 그들의 특권적 지위에 걸맞는 사회적 책임을 감당하게 하는 새로운 사회질서를 열망하게 되었다.

19세기 후반에 사회주의는 유럽의 전역에 확산되고, 점점 더 많은 지지를 얻어 나갔다. 이 운동의 시작부터 사회주의의 실천이 기독교적 이론의 임무가 된다고 믿었던 그리스도인들이 있었다. 그러므로 한편 [종교]사회주의가 소비에트 공화국의 공산주의와 그 공식적인 무신론과 자주 관련되기도 했지만, 처음부터 기독교 신앙의 맥락에서 사회주의에 헌신했던 그리스도인들이 있었다. 바르트는 엷게 드리운 형태든지 아니면 명시적인 형태든지 민족주의를 표방하는 기독교 사회주의에서 문제를 발견했다. 그러나 가령 블룸하르트 부자(Johann and Christoph Blumhardts)의 비전과 관련이 있는 기독교 사회주의는 새로운 목사 바르트에게 점점 더 관심의 대상이 되었다. 블룸하르트 부자는 기독교 전통의 특징인 내생을 위해 개인의 구원에 초점을 맞추는 것을 못마땅하게 여기는 경건주의자들이었다. 그들의 주장에 따르면, 복음과 초기 그리스도인들의 메시지는 어떤 다른 세상에 대한 구원의 약속이 아니라 오히려 하나님이 이 세상을 새롭게 창조하시기 위해 오신다는 소식이다.

이러한 주장이 복음의 사회적 구현의 필요성에 대한 깊은 확신으로 이끌었다. 기독교의 복음은 단순히 저 세상에서의 미래의 삶을 약속하는 것이 아니라 하나님의 나라가 이 땅에 도래한다는 선포를 통해 현재 상황에서 큰 변화를 야기했다. 이 운동의 구심점은 이 세상 가운데 하나님의 나라와 예수 그리스도의 주 되심이 눈으로 보고 손으로 만질 수 있을 정도로 나타나는 것이었다. 크리스토프 블룸하르트는 사회민주주의 정치에 적극적으로 참여해서 지역 의회 의원으로 선출되었다. 그러면서도 동시에 그는 교회에서도 여전히 큰 영향을 미쳤는데, 그 영향력으로 인해 여전히 기독교적인 성격을 유지하는 가운데 스위스 종교사회주의 운동이 성장할 수 있었다.

블룸하르트 부자가 스위스에서 종교사회주의가 발전하는 데 중요한 영향을 미쳤지만, 이 운동의 두 지도적 인물은 쿠터(Herrmann

2. 자유주의 신학과의 결별 · *35*

Kutter)와 라가츠(Leonhard Ragaz)였다. 취리히의 목사인 쿠터는 마르크스와 당대의 마르크스주의자들의 저작에 깊이 영향을 받은 설교와 저술을 통해 종교사회주의를 추동하는 힘을 제공했다. 그는 사회주의의 출현을 예수에 의해 선포된 하나님의 나라를 가리키는 새로운 세계에 대한 세속적인 비전으로 보았다. 그가 믿기에 사회주의자들은 종종 무신론자들임에도 불구하고 대중들에 대한 억압과 곤경과 고통을 야기한 기성 권력들을 반대하기 위한 강도 높은 투쟁을 벌였다. 이에 반해서 교회는 기성 질서와 편안하고 안이한 관계를 유지함으로써 교회가 선포한 하나님이 현재의 상황을 받아들이거나 아니면 그것을 바꿀 능력이 없는 무능한 하나님임을 보여 주었을 뿐이다. 사회주의자들이 유물주의자들이라는 비판에 대항하여 쿠터는 주장하기를 "그것이 종종 사실이기는 하지만, 그것은 또한 기존의 조건들이 바뀌어 보다 정의롭고 평등한 사회를 반영할 수 있다는 확신을 낳을 수 있다."고 했다. 기존의 물질적 조건이 바뀔 수 없다고 주장하면서, 쿠터는 교회가 얼마나 기성의 질서를 지탱하고, 또 사실상 교회 스스로가 대단히 많은 사람들의 삶에서 나타나는 매우 불행하고도 희망 없는 억압을 낳은 그 조건들에 의존하는지를 드러내 보여 주었다.

　　이러한 견해는 쿠터로 하여금 교회로부터의 간섭과 반대를 받지 않고 사회주의가 자연스러운 추이를 따라 진행되도록 허용하게 했다. 쿠터는 세속적 마르크스주의는 하나님의 도구가 되어 교회를 잠에서 깨워 "새로운 세상을 만들라."는 부름에 응답하도록 하는 데 도움이 될 것이라 믿었다. 그러나 동시에 정치에는 관심이 없었다. 그는 교회는 자기만족에 대해 회개하고, 그 길을 개혁해야 하지만, 공동의 사회적 의제를 추구하는 데 있어서 무신론적 사회주의자들과 연합해서는 안 된다고 믿었다.

　　바젤의 목사요, 종교사회주의 운동의 또다른 지도자인 라가츠는 쿠터와는 다른 견해를 가졌다. 그는 성격상 행동주의자였다. 그는 세속적 사회민주주의는 하나님 나라의 전령이라 믿었다. 그러므로 그는 교회가 대안적 사회를 끊임없이 추구하는 데 있어서 세속적인 사회주의자들과 연대를 추구해야 할 뿐 아니라 종교사회주의를 진작시키는 일에도 적극적으로 참여해야 한다고 주장했다. 이러한 견해의 차이는 종교사회주의 운동 내부에 긴장을 야기했다. 쿠터는 사회민주주의를 '세례' 주려는 시도는 쓸데없다고 보았는데, 그 까닭은 오직 그리스도인들만이 복음의 메시지와 의미를 온전히 이해할 수 있다고 보았기 때문이다. 따라서 그는 사회주의자들이 교회의 사역에 어떻게 기여할 수 있는지를 알아보기 위해 사회주의자들과 함께 협력한다는 생각에 반대했다. 라가츠가 기독교 복음의 독특한 메시지를 희석시키는 동맹관계를 주창하는 것으로 쿠터는 보았다. 이에 반해서 라가츠는 쿠터가 사회주의자들과 함께 일하기를 꺼려하는 것을 방향이 잘못되고 시야가 좁은 것으로 생각했다. 라가츠 역시 마르크스주의의 어떤 측면에 대해 비판적이었지만, 그가 믿기에 사회주의자들과의 직접적인 협력이 참된 사회적 변화를 야기하고, 마르크스주의의 문제를 바로 잡을 가장 효과적인 길이었다. 이러한 긴장은 결국 전쟁이 일어나면서 종교사회주의 운동의 분열을 야기시켰다.

교인들의 갈등과 도전에 직면해서 그것들을 다루게 되면서 바르트는 종교사회주의의 문헌들을 읽고 연구하게 되었는데, 이것이 결국 심대한 결과를 낳았다. 회중들 가운데서 일어난 계급 갈등을 목격하면서, 바르트는 처음으로 자신이 실제 삶의 문제들에 직면하고 있음을 주목했다. 그러므로 이 기간 동안 노동 계급의 지역적 갈등들에 대한 그의 관심이 요구됨에 따라 바르트의 신학적 작업은 공장의 법령들, 안전에 관한 법들, 노동조합운동에 대한 참여와 진지한 연구를 포함하게 되었다. 이 시기에 바르트는 확신을 지닌 사회주의가가 되었을 뿐 아니라 종교사회주의 이념과 복음 자체의 긴밀한 결합을 깨닫게 되었다. 그래서 바르트는 주장하기를 19세기와 20세기의 사회운동은 예수의 인격과 메시지를 통한 세계의 새로운 역사와 삶이 시작되는 "영적인 능력의 직접적인 연속"일 뿐 아니라 현재의 "가장 위대하고 긴급한 하나님의 말씀"이라고 했다. 바르트는 사회주의에 대한 많은 연설들과 강연들을 전했고, 노동자들을 위한 저녁 강의를 통해 노동자들이 자신들의 상황을 이해하도록 도왔고, 실제적인 지원을 제공했다. 이러한 활동으로 인해 바르트는 자펜빌의 '사회주의자' 목사라는 별명을 얻었을 뿐 아니라, 노동 계급에 속한 회중들의 투쟁에 대한 깊은 관여와 함께 이루어진 종교사회주의 활동은 부르주아 종교적 에토스와 자유주의 신학의 가정들에 대한 그의 확신을 침식시키는 결과를 야기했다. 이로 인해 바르트는 그의 자유주의 신학 선생들의 신학을 형성시킨 지적인 맥락과 사고방식에서 거리를 두게 되었다. 이것이 물론 바르트로 하여금 자유주의 신학을 버리게 한 것은 아니지만, 그의 초기 생각들로부터 전면적인 이탈을 가능하게 한 (불가피한 것은 아닐지라도) 비옥한 토양을 제공했을 뿐 아니라 자유주의 신학에 대한 바르트의 이전의 확신을 흔들어서 그의 사고를 수정하게 하는 계기가 되었다.

제1차 세계대전과 자유주의 신학의 종식

1914년 8월의 극적이고 비극적인 사건들과 세계대전의 발발과 함께 바르트에게 있어서 모든 것이 변화되었다. 전쟁의 발발 상황을 이해하는 데 꽤 어려움을 겪었지만, 바르트는 그의 선생들이 황제와 전쟁을 위한 지지선언에 서명했다는 사실을 알고 충격을 받았다. 바르

트는 전쟁의 이데올로기에 대한 선생들의 굴복이 선생들과 그들이 신봉한 신학을 "가망 없이 타협적으로" 만들고 말았다고 결론 내렸다. 수년 후에 바르트는 그 사건들의 전환과 자신의 지적인 세계가 붕괴에 직면하게 된 데서 오는 극단적인 당혹감을 다음과 같이 회상했다.

> 1914년 8월 초 어느 날이 내 개인적인 기억에서 캄캄한(암담한) 하루로 기록된다. 아흔세 명의 독일 지성들이 빌헬름 2세와 그의 내각의 전쟁정책을 지지하는 성명을 발표함으로써 여론에 지울 수 없는 깊은 자국을 남겼다. 이들 지성인들 중에 충격적이게도 내가 대단히 존경했던 신학의 거의 모든 은사들이 포함되어 있음을 발견했다. 이것이 시대의 징조에 대해 가리키는 것에 대해

2. 자유주의 신학과의 결별 · *39*

절망하면서, 나는 그들의 윤리와 교의학 혹은 그들의 성경과 역사 이해를 더 이상 따를 수 없다는 것을 갑자기 깨닫게 되었다. 내가 보기에 적어도 19세기 신학은 이제 더 이상 어떠한 미래도 보이지 않았다.[3]

바르트는 선생들의 전쟁지지 선언이 자유주의 신학에 의해 가능해진 기독교 신앙의 배반이라고 생각했다. 그의 스승이요, 전쟁지지를 표명한 「기독교세계」의 편집자인 마틴 라데에게 보낸 편지에서 바르트는 잡지(「기독교세계」)의 지면에서 나타난 전쟁에 대한 종교적 정당화의 가장 슬픈 전개는 조국에 대한 사랑, 전쟁의 정당성에 대한 가정과 기독교 신앙이 독일 전역에 걸쳐서 '가망 없는 혼란'을 통해 결합된 방식이라고 썼다. 바르트가 보기에는 「기독교세계」가 이러한 상황을 더욱 조장하기 때문에, 「기독교세계」는 독일의 역사와 문화가

기독교의 증거(witness)를 가장 필요로 하는 이 시간에 기독교적이기를 그만두고, 오히려 이 세계의 관심들과 열망들에 동조하게 되었다고 결론 내렸다. 바르트는 회고하면서, 그에게 있어서 이러한 일련의 사태는 자유주의 신학의 종식을 나타내는 것이라고 주장했다.

> "그 시점까지 내가 기본적으로 신뢰할 만한 것으로 받아들인 신학적 주석, 윤리학, 교의학과 설교 전체뿐 아니라 그 당시 독일 신학자들의 펜에서 흘러나온 모든 것이 그로 인해 기초까지 흔들리게 되었다."[4]

바르트에게 있어서 자유주의 신학의 치명적인 결함은 어떤 특수한 문화의 가정들과 전제들에 응답하는 방식으로 하나님에 대해 말하는 그 제한된 능력에 있었다. 자유주의 신학자들은 종교, 역사, 문화와 윤리 같은 문제들에 대해 확신을 가지고 말할 수 있지만, 그들의 신학적 접근은 현상의 질서에 문제를 제기하고 도전하는 방식으로 하나님에 대해 말할 필수적인 원천을 제공하지 못했다. 따라서 바르트가 보기에 자유주의 신학의 하나님은 사회가 제도화한 가치들과 규범들을 단순히 재가하고 신적인 인증을 제공하는 존재로 기능했다. 그러한 견해는 또한 하나님과 인간이 꽤 안정적인 관계성을 가지고 본질적으로 공통의 맥락에 존재한다고 가정한다. 이러한 자유주의 신학의 가정을 받아들일 때, 어떻게 하나님이 하나의 특수한 문화적 배경에 속한 가치들, 이상들과 열망들을 반대한다고 결론 내릴 수 있을지 알기 어렵다. 따라서 '기독교적인' 유럽의 각축하는 여러 나라의 국민들은 각기 하나님이 자신들의 편이고, '기독교 문명'을 위한 그들의 민족주의적 관심을 재가했다고 믿었다. 심지어 하나님이 그들의 목표를

이루기 위해 전쟁의 정당성을 인정했다고 주장하기도 했다.

그러한 생각들은 불경할 뿐 아니라 단순히 인간과 인간의 문화에 대한 이야기를 하나님에 대한 이야기와 일치시키는 것에 해당한다고 바르트는 결론을 내렸다. 달리 말하면, 하나님에 대한 자유주의 신학의 담론은 단순히 인간에 대한 이야기를 큰 목소리로 말하는 것에 불과했다. 하나님에 대해 말하는 것은 뭔가 다른, 낯선, 그리고 놀라운 어떤 것에 대해 말하는 것이라는 점을 바르트는 점차 확신하기에 이르렀다. 하나님은 우리가 이미 당연한 것으로 믿고 말하는 것을 단순히 긍정하는 방식으로 우리에게 오는 것이 아니라, 우리가 예견하거나 상상할 수 없는 새로운 실재를 생기게 함으로써 우리가 알고 당연하게 여긴 것을 침입하고 깨뜨리면서 하나님 자신의 방식으로 우리에게 나아오고 말씀하신다.

이러한 견해는 바르트의 설교에 대한 생각에 심오한 결과를 야기했다. 그가 전해야 하는 것 전부가 인간의 말들뿐인데, 어떻게 하나님의 말씀을 설교할 목회의 임무와 책임을 수행할 것으로 기대할 수 있는가? 바르트는 이전에 자신의 설교를 전적으로 신뢰했지만, 이제 그러한 생각은 하나님의 말씀을 전할 부적합함으로 인한 곤경으로 그를 가득 채우기 시작했다. 이제 그의 회중에게 실제로 무엇을 말해야 하는가? 그의 생애의 후기에 바르트가 자유주의 신학과 단절할 때 중요한 요소였던 설교 준비에서 오는 그의 점증하는 공포에 대해 언급했다.

전쟁의 이데올로기에 대한 그의 자유주의 신학 선생들의 굴복 외에도, 바르트는 많은 기대를 보여 주었던 종교사회주의 운동 역시 대부분 이 길을 따르는 것을 발견하고 실망하게 되었다. 게다가 바르트는 종교사회주의의 가용적인 대안들에 대해 의문을 품게 되었다. 그는 쿠터와 라가츠의 입장들을 이해했다. 한편으로 그는 교회가 어떤 정치적인 이데올로기나 프로그램과 제휴해야 하는 문제에 신중해야 한다는 쿠터의 주장을 긍정했다. 왜냐하면 정치적인 이데올로기나 프로그램은 하나님의 나라와 절대 혼동되어서는 안 되기 때문이다.

그러나 바르트가 보기에 잠재적인 위험에도 불구하고, 구체적인 행동이 필요했다. 따라서 모든 대안과 가능성에 대한 쿠터의 지속적인 비판은 구체적인 행동의 계획을 제시하지 않는 것을 의미하는 것으로 보였다. 다른 한편으로 바르트는 위험에도 불구하고 원칙들을 구체적인 행동으로 펼쳐야 한다는 라가츠의 도전을 받아들였다. 그러나 그는 또한 라가츠가 기독교와 사회주의를 제휴시킬 때 수반하는 위험에 주의를 기울이지 않았다고 생각했다. 바르트 자신은 사회주의와 하나님의 나라를 동일시하는 것에 대해 보다 주의를 기울이면서 종교사회주의의 의제를 지속하는 것은 특별히 전쟁 지지에 대한 저항의 실패에 비추어 볼 때 더 이상 선택이 될 수 없다고 결론을 내렸다.

이러한 실망은 바르트 자신을 형성시킨 자유주의 신학의 상실과 그것이 수반한 목회사역에 대한 접근과 결합된 채, 바르트 안에 그 자신의 삶과 헌신에 대한 강도 높은 시간의 지적인 반성을 촉발했다. 나아가야 할 길은 무엇인가? 기독교 신앙에서 어떤 희망을 발견할 수 있는가? 바르트는 이 시기에 인근 지역의 목사였던 그의 친한 친구 투르나이젠(Eduard Thurneysen)과 대화하면서 많은 시간을 보냈다. 주변에서 전쟁이 벌어지고 있는 상황 가운데, 그들은 함께 중립국가인 스위스 국경 안에서 신학적 이슈와 정치적 이슈를 가지고 토론을 벌였다. 앞으로 요구되는 것은 신학적 자유주의 혹은 종교사회주의와 같은 현재 이용 가능한 대안들로부터 해명될 수 없고, 오히려 '완전히 차이가 나는' 혹은 '완전히 다른' 어떤 것이 새로운 세계의 기초를 위해 필요하다고 결론을 내렸다. 그러한 생각을 염두에 두고, 그들은 성경에 대한 새로운 씨름에 시간과 정력을 바쳤다.

성경의 낯선 새로운 세계

새로운 세계를 탐색하는 가운데 바르트와 투르나이젠은 그들이 전에 간과했던 지혜를 발견하기 바라면서 성경으로 돌아섰다.

"전보다 더 깊이 생각하면서 우리는 구약성경과 신약성경을 읽고 해석하기 시작했다. 그러자 성경이 우리에게 말하기 시작했다. 그것은 우리가 이른바 '근대' 자유주의 신학의 학파에서 성경이 말하는 것을 들어야 할 의무가 있다고 생각했던 것과 매우 다른 것이었다."[5)]

 이 인용문이 보여 주듯이, 이러한 강도 높은 성경 읽기와 연구를 통해 바르트는 성경의 본성을 다시 생각하게 되었다. 자유주의 신학자들이 믿기에 보편적인 종교적 경험은 성경 안에서 무엇이 문화적 관습 혹은 편견인지, 또 무엇이 영구적이고 보편적인 진리를 이루는 것인지를 결정할 수 있게 해 준다. 이러한 관점은 성경의 인간 저작성에 초점을 맞추게 되었는데, 이에 따라 성경은 여전히 하나님의 현존의 조명 아래에서 매우 고차원적인 표현의 지위를 지니면서도, 동시에 자신들의 시대적 조건과 제한에 의해 오류를 범할 수 있는 인간 저자들의 산물로 간주되었다.

　　성경이 엄격한 의미에서 하나님의 말씀으로 간주되지 않았기 때문에, 자유주의 신학자들은 성경의 독자들이 하나님의 말씀과 인간들의 말을 구별해야 한다고 주장했다. 이것은 성경이 자유주의 신학자들에게 중요하지 않다는 뜻이 아니다. 성경은 지극히 중요하지만, 역사적인 문서들이라기보다는 상징적인 문서들의 수집으로서 그 내용에 좀더 주의를 기울여야 한다는 뜻이다. 자유주의 신학자들의 종교적 경험에 대한 호소는 성경의 본성과 기능에 대한 혁신적인 제안을 낳았다. 한편 성경은 인간의 책으로 간주되면서도, 초기 신앙공동체의 하나님과의 만남에 대한 그 증거(witness)에서 독특성을 유지한다. 비록 이러한 경험들이 고대 문화의 사유 형식들과 범주들로 오래전에 기록되었지만, 그것들은 여전히 모든 시간과 장소와 문화의 인간 실존을 통해 동일하게 남아 있는 공통적이고 보편적인 인간 경험들과의 연관 때문에 매 시대 다양한 사회들에게도 말할 수 있다. 그러므로 매 시대 성서해석자의 과제는 성경의 책들을 형성하는 공통적인 인간의 경험들을 추구하고, 나아가 현대인들에게 이해가 가능한 방식으로 그것들의 의미를 재형성하는 데 있다.

바르트는 이러한 접근이 불가피하게 성경과 그 메시지를 자신들의 구미에 맞게 길들일 뿐 아니라 성경이 증거하는 하나님을 길들이는 결과를 야기하게 된다고 믿게 되었다. 바르트는 성경이 신학적 자유주의 혹은 종교사회주의에 의해 상상된 것을 넘어서는 세계를 지시한다는 점을 점점 더 강하게 믿게 되었다. 따라서 바르트는 그가 보기에 보수적이고 진보적인, 혹은 혁명적인 제안들과 반대 제안들의 실패에서 야기되는 무질서에서 교회와 사회를 구할 유일한 희망으로, 이 '낯선 새로운 세계'를 추구하는 데 점점 더 몰두하게 되었다. 이러한 '낯선 새로운 세계'가 현재의 물질적 현실들과 관심들의 맥락에 뿌리를 내리고 있어서 종교사회주의의 관심을 완전히 부정하거나 부인하는 것은 아니지만, 그것은 또한 성경에 약속된 새로운 창조, 즉 하나님에

의해 생겨난 세계를 간절한 기대를 가지고 고대하는 강렬한 미래 희망에 의해 특징지어진다. 그것은 자유주의 신학이 제안하듯이 인간의 경험에서 출발하는 것이 아니라 보다 하나님에게 초점을 두고 성경을 읽는 방식을 요구했다.

성경은 일차적으로 역사, 종교, 도덕 등에 대한 것이 아니라 하나님에 대한 것이다. 하나님은 성경의 내용이다. 성경의 내용을 이루는 것은 하나님에 대한 인간의 올바른 생각이 아니라 오히려 인간에 대한 올바른 신적인 생각들이다. 성경에 이끌려 이러한 낯선 세계로 들어가는 것은 하나님에게 새롭게 돌아서서 하나님의 의지가 단순히 우리의 상황으로부터 쉽사리 분별될 수 있는 우리 의지의 개선된 연속이 아니라는 깨달음을 통해 하나님의 의지를 따르기를 배우는 것을 의미한다. 오히려 그것은 전적으로 타자인 어떤 것으로서 우리의 지식과 의지에 대항하여 선다. 바르트에게 있어서 성경의 새로운 세계는 "그 자체를 우리의 일상적인 세계 속으로 투사한다. 우리는 말할 수 있다. 그것은 아무것도 아니다. 이것은 상상이자 광기요, 이것이 '하나님'이다. 그러나 우리는 성경의 '역사'에 의해 우리가 어딘가 다른 곳에서 '역사'라 불리는 것을 넘어선 새로운 세계, 하나님의 새로운 세계로 이끌리는 것을 부인하거나 막을 수 없다."[6)]

성경에 대한 이러한 확신들이 바르트의 사고에 결정적인 영향을 미치면서 분명한 방향을 부여해 주었다.

"자유주의 신학과 종교사회주의와 연관된 문제들을 넘어서, 나는 성서적인, 실제적인, 이 세계의 의미에서의 하나님 나라에 대한 생각에 점점 더 깊이 빠져들기 시작했다. 이것이 내 설교에서 그렇게 오랫동안 당연한 것으로 여겨 왔던 성경을 사용하는 방식에 대한 문제들을 계속해서 제기했다."[7]

1916년 여름, 바르트는 로마서에 대한 강도 높은 연구에 관심을 기울이게 되었고, 바로 그 결과가 자유주의 신학과의 결별을 알릴 뿐 아니라 새로운 개념의 신학을 태동시키는 강해로 나타났다.

CHAPTER THREE

새로운 신학

    바르트는 자유주의 신학과의 결별과 성경 안에 있는 낯선 새로운 세계의 발견을 통해 열정을 다해 기독교 신학에 대한 이해를 다시 생각하고 재구성했고, 자펜빌에서 목회하는 수년 동안 열렬하게 추구해 온 새로운 세계를 창출할 수 있는 어떤 것에 대한 비전을 품으려 했다. 그는 로마서에 주의를 집중하게 되면서, 목회사역의 와중에도 로마서를 읽고 또 읽으면서 주석 쓰기를 계속했다. 이러한 노력의 결과가 바르트 자신이 "발견의 기쁨"[1]이라 불렀던 것을 가지고 쓰여진 로마서에 대한 방대한 양의 노트들이었다. 그는 이 방대한 노트들을 가지고 「로마서 강해」(The Epistle to the Romans) 1판을 썼는데, 이것은 1918년에 완성되어 1919년에 출판되었다. 이 책에서 우리는 처음으로 상세하게 전개된 바르트의 건설적인 신학적 상상에 대한 통찰뿐 아니라 자유주의 신학의 여파로 인한 그의 신학적인 동요의 열매를 확인할 수 있다. 그 후, 그는 로마서에 대한 강해를 계속 진행하여 1921년 강해 2판을 완성하였다. 바르트의 「로마서 강해」는 신학계의 핵심적인 여러 가정들에 대해 도전하고, 또 특별히 자유주의 신학의 핵심적인 가정들의 전체 체계를 문제시함으로써 신학계를 크게 요동시켰다. 그 여파로 신학계에 엄청난 변화가 야기되었는데, 바르트는 새로운 신학을 오직 성경 주석의 형태로 개진했을 뿐이다.

로마서 강해

바르트의 로마서 강해를 읽는 것은 주석이라는 장르를 매우 초연하고 중립적인 학문 분야라고 생각하는 오늘날의 독자들에게 다소 충격적일 수 있다. 이러한 접근에서 일반적으로 행해지듯이, 본문이 쓰여진 시대로부터 멀리 떨어진 청중들을 위한 본문의 정확한 의미와 그 잠재적 의미를 파악하기 위해 주석가들은 본문에 대한 비평적이고 역사적인 정밀한 고찰을 수행한다. 바르트는 이러한 절차(이러한 절차를 통해 독자들은 본문에 대해 질문을 하게 되는데)를 거꾸로 뒤집는 대신 하나님의 복음에 대한 증언인 서신으로 하여금 독자들에게 질문하고 판단하게 하면서, 살아 계신 하나님 앞에서 그들과 우리 모두에게 문제를 제기한다. 우리가 하나님에게 문제를 제기하고 하나님을 판단하는 것이 아니라, 오히려 하나님이 우리에게 문제를 제기하고 우리를 판단하신다. 이 책을 통해 바르트는 하나님, 주와 창조주, 그리고 하나님의 피조물인 인간 사이의 구별을 강조하면서 이러한 주제들을 계속해서 강조한다.

바르트는 근대적인 성서해석 방법론의 유용성과 성서학의 가치들을 인정하면서도 이러한 것들이 성경을 통해 말씀하시는 하나님의 말씀을 주의 깊게 읽고 듣는 데 있어서 일차적으로 중요한 것은 아님을 분명하게 해 준다. 「로마서 강해」 1판 서문에서 바르트는 성서해석의 역사-비평적 방법이 성경 연구에서 그 적절한 위치를 자리하고 있음을 언급한다. 왜냐하면 바르트가 보기에 역사-비평적 방법은 "지성의 준비(그리고 이러한 지성의 준비는 결코 쓸데없는 것이 아니다.)에 관련되기 때문이다."

그러나 성경을 해석하는 데 있어서 역사-비평적 방법이 중요한 역할을 하기는 하지만, 바르트에 따르면 그 중요성은 이차적인 것일 뿐이다. 바르트는 이렇게 서술했다. "그러나 내가 역사-비평적 방법과

존경할 만한 영감설 중에 하나를 선택해야 한다면, 나는 주저 없이 보다 넓고, 깊고, 중요한 정당성을 지닌 후자를 선택할 것이다. 영감설은 이해하는 노력에 관계하는데, 그것 없이는 아무리 완벽한 어떠한 기술적인 장치도 소용이 없을 것이기 때문이다." 가장 중요한 것은 단순히 성경의 책들이 이루어지게 된 역사적이고 문화적인 세부사항들에 대한 적절한 지식이나 또는 성경 본문의 수용을 둘러싸고 있는 비평적인 문제들, 심지어 문법적이고 구문론적인 특징들에 대한 정확한 이해가 아니다. 성경을 읽을 때 가장 중요한 문제는 하나님의 음성과 의지를 이해하는 것이다. 비평학은 이러한 목적을 위해 유용한 것이지, 결코 성경의 영감을 대체하거나 잠식하는 것으로 이해될 수 없다.

"다행히 나는 둘 사이에서 선택을 강요받지 않는다. 그럼에도 불구하고 나는 역사를 통해, 나아가 역사를 넘어 영원한 영(the Eternal Spirit)인 성경의 영(the Spirit of the Bible)을 통찰하는 데 해석의 혼신의 노력을 쏟아 부었다."[2]

"역사를 통해, 그리고 역사를 넘어 성경의 영을 통찰하려는" 시도는 보다 전통적인 주석들과는 매우 다른 느낌을 바르트의 로마서 강해에 부여했다. 이 때문에 어떤 비평가들은 바르트의 로마서 강해가 자유로운 스타일의 신학적 시도임에도 불과하고, 그가 행하고 말하고 싶은 것을 성경의 본문 속으로 끌고 들어가 성경을 읽고 난 후, 그것을 거꾸로 성경에 결합시키는 시도라고 비판했다.

바르트는 이러한 문제 제기를 2판 서문에서 자신의 접근방법을 설명하면서, 이렇게 해명하고 있다. "내가 성경 본문의 의미를 성경 본문으로부터 추출하지 않고 성경에 의미를 부과하고 있다는 비판을 스스로 초래했다는 것과 내 방법이 이것을 함축하고 있다는 점을 안다." 그러나 그는 대답하기를 만일 자신이 로마서 강해를 인도하는 해석의 체계를 가지고 있다면, 그것은 덴마크의 철학자 키에르케고르(SoΦren Kierkegaard)가 시간과 영원 사이의, 하나님과 인간 사이의 '무한한 질적 구분'(infinite qualitative distinction)이라고 부른 것에 대한 인식에 국한된다고 했다. 이러한 구분은 신학과 해석을 위해 부정적이고 긍정적인 의미를 모두 지니는데, 간결하게 이렇게 요약될 수 있을 것이다. "하나님은 하늘에 계시고, 인간들은 땅 위에 있다."

그리고 "세계는 세계일 뿐이고, 하나님은 하나님이시다." 바르트에게 있어서, 무한한 하나님과 피조된 유한한 인간의 관계는 '성경의 주제'이고 '철학의 본질'이다.[3] 그러므로 로마서 강해와 바르트 신학의 주요 관심사들 가운데 하나는 하나님과 인간 사이에 존재하는 절대적이고 근본적인 차이를 적절하게 유지하고 확실히 하면서, 동시에 하나님과 인간에 대한 이러한 진리들이 어떻게 서로 적절한 관계 안으로 들어올 수 있는지를 보여 주는 것이다. 하나님은 하늘에 계시고, 우리는 땅 위에 있다.

바르트가 하나님과 인간의 차이뿐 아니라 그 둘 사이의 관계에 대해서 말하고 있음을 보는 것이 중요하다. 바르트는 하나님에 대한 담론에서 반드시 유념해야 하는 하나님과 인간 사이의 중요한 차이를 분명하면서도 강하게 주장하고 있으면서도, 인간과 관계되지 않는 하나님에 대한 추상적인 담론에 관해서는 전혀 관심을 보이지 않고 있다는 것도 참이다. 성경은 하나님에 의해 비롯된 하나님과 인간 사이의 극적인 관계를 묘사하고 있지만, 동시에 인간의 참된 응답과 행동에 대해서도 관심을 보여 준다. 이러한 상호 작용은 하나님이 착수하시고 피조물인 인간과 함께 세우시는 언약적 관계의 일부분이다. 바르트는 신학의 도전을 하나님과 인간 사이의 구분을 희미하게 하지 않으면서, 이러한 언약 관계의 적합하고도 필수적인 부분이 되는 방식으로 말하는 것으로 묘사한다. 만일 우리가 이러한 관계에서 신실한 참여자가 되기 원한다면, 이러한 구분이 지켜져야 한다. 우리는 유한한 피조물인 우리의 지위와 무한한 창조주인 하나님의 지위에 걸맞는 적절한 방식으로 하나님에 대해 말하고, 하나님을 섬겨야 한다. 하나님은 하늘에 계시고, 우리는 땅 위에 있다.

이러한 언약적 관계에서 인간의 약속이 하나님과 인간 사이의 필수적인 차이를 유지하는 데 실패하여 창조주-피조물의 구분을 혼동하게 되면, 살아 계신 하나님의 심판을 불러오는 불경건과 우상숭배로 귀결된다. 이러한 주제들은 바르트의 로마서 강해에서 중요한 위치를 차지하는데, 그것들이 로마서의 첫 세 장에서 중요하기 때문이다. 실제로 바르트는 로마서 1:18~32을 주석하면서 "밤"(The Night)이라는 제목을 붙이고 있는데, 이는 인간들이 하나님의 심판 아래 있는 모습을 강조하기 위한 것이었다. 바르트가 주장하는 요점들 가운데 하나는 독자들로 하여금 하나님이 세상에 구속을 받지 않는다는 점을 상기시키는 것이었다. 하나님은 세상을 심판하실 수 있다. 하나님은 세상과 거기에 거하는 사람들에게서 하나님의 호의와 현존을 거두실 수 있다. 하나님은 자유로우시기 때문에 인간이 늘 마음대로 할 수 있는 피조 질서의 자연적 일부가 아니다. 인간은 하나님에게 요구할 권리를 본래 지니고 있지 않았다. 인간은 자신의 목적을 위해 하나님을 조종할 위치에 있지 않다는 것이다. 이것이 하나님의 이름으로 전쟁의 발발을 추인한 사람들에 대한 바르트의 주요한 비판이었다. 즉, 하나님이 인간의 이해에 따른 욕망, 목표와 열망을 쉽사리 추인해 줄 수 있다는 너무나 신속한 가정을 바르트는 주요하게 비판했던 것이다. 이러한 가정은 성경의 중심적인 주제들 가운데 하나, 즉 하나님의 자유를 무시하고 개념적인 형태의 우상숭배와 결합되는 것이다. 몇 가지 측면에서 바르트의 로마서 강해는 십계명의 첫 계명인 "너는 나 외에는 다른 신들을 네게 두지 말라."의 의미와 함축들에 대한 철저한 성찰로 이해될 수 있다.

바르트는 '종교'의 실천에서 당대의 주요한 우상숭배를 확인했다. 특별히 종교에서 하나님과 인간 사이의 구분을 혼동하는 경향을 우리가 가장 명확하게 본다. 인간은 자신의 활동과 추구가 올바르고 비난 받을 여지가 없다고 확신하면서 권력과 안전을 갈망한다. 신적인 축복을 받고 있다는 점을 확실히 하기 위하여 인간은 상상의 원천들로

부터 자신의 형상대로 신을 만들고, 자신이 만든 신들을 섬기기 위해 종교를 고안한다. 그러므로 종교는 '인간의 정당화', '재가'와 '자기 정당화'를 제공하기 위해, 그 고안자를 섬기라는 압력을 받는다. 심지어 인간의 종교사를 대충 읽어 보아도, 그리스도인과 다른 종교인들 모두 그러한 자기 정당화의 수많은 사례들을 발견할 수 있다. 종종 자기 정당화를 위해 봉사하는 권력과 억압의 기제가 수반되기도 한다. 인간이 자신의 신념과 열망을 궁극적 진리의 자리로 삼거나 너무도 인간적이고 결함이 많은 제도들에 대한 신적인 재가를 요구하는 방식으로 하나님에 대해 말할 때, 우상숭배와 불경건의 죄과를 범하게 되는 것이다.

바르트는 주장하기를 성경은 오직 '한 가지 진리', '하나의 이야기', '하나의 나라', 즉 '하나님의 나라'만을 정당화한다고 했다. 그 과정에서 성경은 기독교회를 포함해서 모든 인간의 제도에 대한 정당화를 해체한다. 정확히 그 이유는 인간의 모든 제도는 결국 '하나님의 나라'의 구현이 아니기 때문이다. 종교를 비판하면서 바르트는 종교를 인간의 주의와 집중을 살아 계신 하나님께 두지 못하게 하고, 평화와 희망과 번영을 약속하지만 결국 인간을 부패로 이끌고, 하나님의 심판으로 이끄는, 거짓되고 압제적인 신적인 대체물에게 두게 하는 질병으로 묘사한다. 자유주의 신학의 발전과 형성에서 나타난 종교에 대한 적극적인 평가와 중심적 지위 부여에 비추어 볼 때, 바르트의 종교비판은 상당히 폭발적인 것으로 기술될 수 있다.

가차 없이 종교를 비판하지만, 바르트는 또한 인간의 종교적 욕구들의 명백한 보편성은 인간이 자신의 창조주 없이 살 수 없다는

점을 여실히 드러내 보여 준다는 것을 인정한다. 인간의 고안물로서 종교는 하나님에 대한 참된 지식을 전혀 제공해 주지 못하지만, 종교는 인간이 하나님과의 언약적 관계를 맺도록 설계되어 있음을 상기시키는 역할을 한다. 그러므로 종교의 실행이 파괴적인 실수이기는 하지만, 세상에 종교가 존재하는 것은 인간이 하나님을 위해 지음을 받았고, 또 인간의 부적합성에도 불구하고 하나님을 증거하고 하나님에게 영광을 돌릴 수밖에 없다는 것을 부정적인 방식으로 증거하는 것이다.

따라서 탐색되어야 할 물음은 창조주-피조물의 구분을 흐리게 하지 않고, 종교로 부패되지 않으면서 하나님을 증거하고, 하나님에게 영광을 돌리는 법(how to)을 발견하는 것이다. 이러한 과제를 추구하기 위해 바르트는 하나님에 대한 인간의 언어와 언설(speech)에 대한 변증법적 접근방법을 전개한다. 그는 예수 그리스도 안에서 일어난 하나님의 계시를 하나님에 대한 인간의 지식의 중심으로 말하지만, 또한 인간은 계시되어 온 것을 이해할 능력을 지니지 못한다고 주장한다.

그러므로 바르트는 예수 그리스도 안에서 일어난 하나님의 계시를 포탄의 폭발의 여파(餘波, aftermath)와 같은 것으로 말한다. 우리는 남겨진 거대한 폭발의 웅덩이로부터 무엇인가 중요한 것이 일어났음을 감지하지만, 우리에게 가능한 지식과 경험을 가지고 그것을 이해할 수는 없다. 우리가 하나님의 자녀로 입양되게 만든 그리스도의 십자가를 통해 우리의 것이 된 생명의 길은 우리 자신을 포함한, 현재 이 세계의 죽음을 통해서만 가능하다. 더 나아가 우리가 하나님의 양자가 된 것은 오직 약속으로써 이해될 수 있을 뿐이지 주장되거나 확신될 수 있는, 소유할 수 있는 어떤 것으로 이해될 수 없다. 바르트에게 있어서, 하나님의 약속이 우리에게 주어진 소유로 받아들여지기 시작할 때, 우리는 아무리 좋은 의도라 할지라도 종교의 위험에 다시 빠지게 된다.

'하나님에 대한 언설'에 대한 바르트의 변증법적 접근방법은 자유주의와 보수주의 전통 모두의 신학에 관한 표준적인 가정들이 재고(再考)되고 재구성되어야 함을 의미했다. 그러므로 바르트는 하나님, 그리고 계시와 진리에 대한 직접적인 명제적 진술들에 주의를 기울이는 경향이 있다. 이러한 명제적 진술은 우리 인간이 피조물로서 창조주-피조물의 구분 때문에, 계시에도 불구하고 오직 하나님에게만 알려지는 필연적인 것들에 대해 아는 것으로 말할 위치에 있게 됨을 시사한다.

명제들은 하나님에 대한 언설을 표현하는 데 있어서 너무 정적(static)이다. 그러나 바르트는 또한 하나님이 실제로 예수 그리스도 안에서 계시하셨고, 알려지셨다는 것을 긍정하기 원했고, 사실상 긍정할 수밖에 없다고 느꼈다. 그러므로 두 가지가 필수적으로 요청되었다. 첫째, 하나님과 관련해서 인간 언어의 부적합성을 인식하고 인정하는 것, 둘째, 자신의 창조주를 증언할 인간의 필연성과 책임성을 전제할 때, 분명하게 규명할 수 없는 혹은 비유로 말해서 통 안에 가둘 수 없는 하나님에 대해 보다 사려 깊고 동적인, 신학적 언설의 양태들을 다시 생각하고 전개하는 것이다.

바르트의 「로마서 강해」는 신학계에 강력한 충격을 주었는데, 그것은 아마 계시에 대한 그의 분화구 폭발의 유비(analogy)와 유사한 것이다. 바르트의 로마서 강해를 읽은 사람들은 그것이 뭔가 새롭고 다르면서도 중요한 어떤 것을 나타내 주었음을 알아차렸다. 그러나 많은 사람들은 이것을 어떻게 이해해야 할지 확신할 수 없었다. 실제로, 그것은 신학자들의 놀이터에 폭탄이 떨어진 것으로 묘사되었다. 로마서 강해는 명백히 새로운 개념의 신학을 요구했고, 적어도 암묵적으로는 더 상세한 연구와 성찰을 위한 의제를 촉발시켰다. 그러나 그

것은 또한 대답될 필요가 있는 많은 문제들을 남겼고, 바르트가 느끼기에 책이나 논문과 강연을 포함하는 많은 저술들뿐 아니라 주석의 재개정 작업을 통해 수년에 걸쳐 정제될 필요가 있는 많은 이슈들을 포함했다.

바르트가 「로마서 강해」에서 비전으로 삼은 변증법적 신학에 대한 그의 헌신은 바뀌지 않았다. 그는 하나님의 직접적인 현존과 축

복은 결코 인간이 확실하게 소유할 수 없는 것임을 분명하게 주장했다. 피조물로서 우리는 하나님을 이용할 수 없다. 우리는 하나님을 '소유할'(have) 수 없다. 대신 우리는 언제나 하나님에 대한 우리의 지식, 하나님에 대한 우리의 말과 하나님에 대한 우리의 관계를 위해 하나님을 필요로 하고, 하나님에게 의존할 위치에 있다. 바르트가 비전으로 삼은 변증법적 신학은 하나님과 관련해서 인간 언어의 부적합성과 함께, 또한 증언할 필요성을 동시에 인정한다.

바르트는 그 상황을 이렇게 간결하고도 기억에 남을 만하게 기술했다. "[하나님의] 대사들로서 우리는 하나님에 대해 말해야 한다. 그러나 우리는 인간이기 때문에 하나님에 대해 말할 수 없다. 따라서 우리는 우리의 의무와 함께 우리의 무능력을 동시에 인정해야 하는데, 그 인정에 의해 하나님께 영광을 돌리게 된다."[4] 이러한 통찰을 보다 온전하게 설명하기 위해 바르트는 곧 그의 관심을 교의학(dogmatics)으로 알려진 가르침과 신학 분야로 돌리게 된다.

탐바흐 강연

1차 세계대전의 여파로 독일의 정치, 경제 상황이 매우 불안정해짐에 따라 상당히 많은 수의 독일 목사들과 신학자들이 국민들이 직면하고 있는 혼란스러운 관심사를 다룰 수 있는, 교회와 신학을 위한 새로운 방향을 모색하기 시작했다. 종교사회주의자들의 모임이 전후 독일의 상황에 대처하기 위해 형성되었고, 그 첫 모임에서 투링기아(Thuringia)의 작은 마을인 탐바흐(Tambach)에서 회의를 열기로 결정했다. 그 회의에서 그들은 상황에 대처하기 위해 많은 수의 연사를 초청하려 했다. 이 모임의 견해들은 상당히 다양했지만, 그들은

독일에서보다 스위스에서 더 발전한 종교사회주의에 대한 관심에서 공통적 토대를 찾았다. 이러한 상황에서, 탐바흐 회의의 개최자들은 자연스럽게 스위스의 연사들에게 관심을 두게 되었다.

      당시 칼 바르트는 독일에서 그리 알려져 있지 않았다. 그의 「로마서 강해」는 이미 출판되었지만, 독일에서는 아직 주의를 끌지 못하고 있었다. 그를 알았던 사람들도 바르트를 주요 연사들 가운데 하나로 초청을 받은 라가츠의 추종자 정도로만 생각할 뿐이었다. 바르트와 라가츠의 관계가 이미 알려졌기 때문에 바르트가 그 모임의 연사로 초청되었지만, 바르트는 그 초청을 거절하였다. 그러나 회의 바로 직전에 라가츠는 집에서 전개과정을 지켜보기 위해 스위스에 머물러 있기로 결정했고, 바르트가 그를 대신하여 강연에 초대되었다.

물론 바르트는 오랫동안 종교사회주의에 대한 견해들과 거리를 두고 있었다. 회의 계획자들에 의해 지정된 바르트의 강연 제목인 "사회 속의 그리스도인"은 종교사회주의의 기본 원리들과 가정들에 대한 공감적인 설명 대신 그것들에 대한 일관된 비판임이 드러났다. 그는 강연 모두(冒頭)에 말하기를 "사회 속에서 그리스도인의 지위에 대해 생각할 때 우리는 희망과 의문이 흥미롭게 혼합되어 있음을 느끼게 된다."고 했다.[5]

희망은 사회 속에서 그리스도인의 '우리 인간과의 동일화'가 아닌 '그리스도와의 동일화'와 관련된다. 그리스도인들 : 우리는 그리스도인들이 세례 받은 다수의 군중을 의미하지 않고, 종교와 사회적 관계들에 관심을 가지는 선택된 소수를 의미하지도 않을 뿐더러, 심지어 우리 생각에 가장 고귀하고 헌신적인 그리스도인들의 정선된 무리를 의미하지도 않는다는 사실에 동의한다 : 그리스도인들은 바로 그리스도(the Christ)이다.[6] 현재의 사회 상황과 관심에 관계된 의문 : "그리스도는 우리 안에, 그리고 오늘의 사회 안에 있는가?"라는 질문에

우리는 대답하기를 주저하는데, 그 이유는 그리스도와 사회가 서로 완전한 반정립(反定立) 상태에 있는 것으로 보이기 때문이라고 바르트는 말한다.

이러한 반정립의 이유는 하나님의 본성과 사회와 차례로 관계한다. 「로마서 강해」에서 보았듯이, 하나님에 관계하는 이유는 하나님은 살아 계시고, 세상과 구분되기 때문에, 사회의 선을 위한 일련의 명제들이나 원리들에 의해 통제되거나 그것들로 환원될 수 없기 때문이다. "신적인 것은 그 자체로 온전하고 완전한 어떤 것, 즉 세계와 대립되는 일종의 새롭고 다른 어떤 것이다. 그것은 응용이나 고착이나 일치를 허용하지 않는다. 그것은 분리나 분배도 허용하지 않는데, 그 이유는 그것이 종교 이상이기 때문이다." 살아 계신 하나님의 본성은 인간이 자신의 목적을 위해 하나님을 '사용'하는 것을 허용하지 않는다. "그러면 하나님의 세계는 우리의 사회생활과 어떤 관련을 가지는가?" 그러므로 기독교 사회주의나 종교사회주의와 같은 어떤 것을 시도하는 것은 하나님과 그리스도를 세속화하고, 현저하게 다른 것을 인간의 손아귀 속으로 넣으려는 시도에 해당한다. 우리는 이러한 유혹에 저항해야 하는데, 그 이유는 "우리가 그리스도를 또다시 배반하기를 바라지 않기 때문"이라고 바르트는 말한다.[7]

"그리고 다른 한편으로 우리는 본래 온전하지만 내적으로 망가진, 그러나 아마 외적으로는 건전해 보이는 (하나님의 나라와 연계되지 않은) 사회를 또한 지니고 있다."[8] 사회는 그 자체의 정치·경제적인 규칙들과 규정들에 따라 존속해 나간다. 그리고 이러한 규칙들이 하나님 나라의 관심사들과 관계없이 사회를 지배한다. 달리 말하면, 사회를 열어젖혀서 그리스도에게로 이끌려는 시도는 인간적으로 가능하지 않다. 인간들이 그리스도를 사회로 끌고 들어올 수 없듯이 사회를 그리스도에게로 이끌려는 시도도 성공할 수 없다. 이러한 상황에 비추

어, 오직 가능한 대답은 하나님으로 하여금 하나님으로 있게 하는 것뿐이다. 우리가 필요로 하는 것은 '하나님의 도움'이고, 만일 "우리가 교회들과 학교, 병원, 군부대, 교도소 등에 예배당들을 세우려 하면서 하나님을 전적으로 새로운 방식으로 기다리기를 배우지 않으면" 이러한 현실에 대하여 사회를 '속이는' 것이다. 우리는 기다리기를 배워야 하는데, 그 이유는 "하나님만이 세상을 구원하실 수 있기 때문이다."[9]

그러므로 "사회 속의 그리스도인"이라는 주제와 관련해서 바르트는 "위대한 약속, 즉 우리의 상황 위에 비치는 저 위로부터의 빛"과 아울러 "불행한 분리, 즉 두 상이한 차원들(magnitudes) 사이의 철저한 대립"을 발견한다. 이 두 가지가 명백하게 보여져야 하는데, 그 이유는 그것들이 우리의 희망과 필요를 이루고 있기 때문이다. 이러한 반정립의 해결과 관련해서 그 자신이나 어느 누구도 해결책을 제시할 수 없는데, 이유는 오직 가능한 해결은 하나님뿐이기 때문이라고 바르트는 주장했다.[10] 하나님은 인간의 편에서는 다루어질 수 없는 고치기 어려운 상황을 예수 그리스도의 죽은 자로부터의 부활 안에서 다루셨다. 예수 그리스도의 부활을 통해 하나님의 전적으로 다른 영원한 삶이 계시되었다. 부활에 비추어 볼 때, 인간은 이제 더 이상 우리가 하나님을 위해 혹은 하나님을 대신해서 세상을 바꿀 수 있다는 환상 아래에서 살아갈 수 없고, 오히려 하나님이 이 세상을 극복하시고 변화시키고 하나님의 나라를 가져오실 수 있다는 확신 가운데 살아갈 수 있다. 이것이 우리의 희망이다.

그러므로 그리스도인들이 사회 속에서 할 수 있는 것은 오직 하나님이 행하시는 바를 주의 깊게 따르는 것이다. 이렇게 말과 행위를 통해 따를 때, 그 행위가 하나님의 것이고 우리의 것이 아니라는 점과 하나님의 행위를 따르는 데 있어서 우리의 '위치'는 언제나 "운동의 한 순간(an instant)이고, 그 순간의 포착은 날아가는 새를 순간적으로 보는 것에 비견될 수 있을 뿐이고, 이 운동을 제쳐 둔 순간은 절대적으로 무의미하고, 불가해하며, 불가능하다."는 점을 기억하는 것이 중요하다. 그러므로 이 '운동'은 인간에게서 기원하는 것이 아니고, 인간의 이해로 환원될 수도 없다. 그것은 오히려 "위로부터의 운동, 즉 3차원으로부터의 운동"이다. 바르트에게 있어서 이 운동은 "역사 안에서 하나님의 운동, 달리 표현하면 의식 안에서의 하나님의 운동, 즉 그 능력과 의미가 죽은 자로부터의 예수 그리스도의 부활에서

계시되는 운동이다. 이것이 사회 속에서 그리스도인의 위치에 대한 우리 모든 생각의 골자(骨子)이어야 한다. 그 생각이 희망에서 나오든지, 필요에서 나오든지, 아니면 이 둘 모두에서 나오든지 간에 마찬가지로 그렇다."11) 나아가 특별히 중요하게, 이 하나님의 행위는 종교로 알려진 인간의 현상과 결코 동일시되어서는 안 된다. "우리의 관심은 하나님, 즉 하나님 안에서 유래하는 운동, 즉 하나님이 우리를 이끄시는 동작(그것은 종교가 아니다.)이다. 하나님의 이름을 거룩하게 하소서. 하나님의 나라가 오게 하소서. 하나님의 뜻이 이루어지게 하소서. 소위 '종교적 경험'은 신적인 것에 대한 전적으로 파생적이고, 이차적이며, 단편적인 형태이다."12) 그러므로 그리스도인들은 하나님의 운동을 기술하려고 함으로써 하나님을 증언하도록 부르심을 받고 있는 동시에, 그들이 기술하는 것이 그 실재와 같지 않다는 것을 듣는 사람들에게 애써 상기시켜야 한다.

  1919년 9월에 행해진 탐바흐 강연은 그것을 들은 사람들에게 강력한 영향을 미쳤다. 청중 모두가 어떤 식으로든 영향을 받았는데, 혹자는 지지하고, 다른 사람들은 반대를 표명했다. 그러나 바르트의 강연은 지지한 청중이나 반대한 청중 모두를 사로잡았다. 한 관찰자가 말했듯이, "그[의 강연]와 비교해서 모든 다른 언급들과 토의들은 중요하지 않은 것이 되어 버렸다."13) 그 강연은 바르트를 하룻밤 사이에 유명하게 만들었을 뿐만 아니라, 그의 영향력이 독일 안으로 들어가게 하는 문을 열게 함으로써 바르트로 하여금 신학과 교회에 대한 비판과 갱신에 관심을 지닌 사상가들의 모임에서 중심에 자리하게 하는 결과를 낳았다. 탐바흐 강연,「로마서 강해」, 그리고 독일에서 새롭게 만들어진 그의 유명세로 인해 바르트는 1921년 괴팅겐 대학의 개혁신학 석좌교수로 임명되었다. 거기서 바르트는 하나님의 운동에 대한 그의 평생에 걸친 교수와 저작의 사명을 시작하게 된다.

CHAPTER FOUR

불가능한 가능성

  1921년 10월, 바르트가 독일에 도착했을 때 독일의 상황은 불길했다. 독일 정부가 1919년 6월 베르사이유 조약(the Versailles Treaty)의 요구조항들에 동의했을 때 1차 세계대전의 종전은 공식화되었다. 이 조약이 형식적으로 유럽에 평화를 가져다주었지만, 독일에게는 재앙과 같은 것이었는데, 곧이어 경제적 재앙과 1930년대 아돌프 히틀러와 국가사회주의의 등장을 위한 씨를 뿌리는 격이 되었기 때문이다. 독일은 모든 식민지들을 빼앗겼고, 그 군대는 과거 규모의 오직 작은 일부만 제외하고 축소되었다. 그리고 라인 지방은 영구적인 탈군국화

(demilitarization)를 확실히 하기 위해 연합군이 점령하였다.

게다가 독일은 강제로 "전쟁 죄과 조항"(war guilt clause)에 서명해야 했는데, 그 조항은 전쟁을 일으킨 단독 책임을 받아들이고 전쟁을 수행하면서 야기한 모든 피해와 손실을 연합군에게 배상해야만 한다는 것이었다. 그 모든 비용은 전쟁으로 파괴된 나라가 갚기에는 너무나 큰 부담이었고, 따라서 부채의 첫 불입금은 더 많은 돈을 찍어내는 방법을 통해 지불되었다. 그 결과 물가는 요동치고, 이미 불가능한 경제 상황을 더욱 악화시켰다. 불가피하게 독일은 연합군에 대한 재정적 의무를 감당할 수 없게 되었고, 이로 인해 더 많은 국토와 공장과 자산들을 잃게 되고, 독일 산업은 생산성의 급속한 감소와 대량 실업이 야기되었다. 독일 국민들에게 불어닥친 희망의 상실과 절망은 손으로 만질 수 있을 정도로 분명해졌고, 폭동은 이러한 절망적인 상황에 대한 보편적인 반응이 되어 버렸다.

불운한 바이마르 공화국의 지도력 아래에서 정치적 상황은 거의 나아지지 않았다. 전쟁과 군주제도 몰락의 여파로 생겨난 바이마르 공화국은 패배의 와중에서 전쟁의 파괴와 대혼란 이후의 질서를 회복하기 위한 필사적인 조치로 인식되었다. 그러나 바이마르 공화국은 전후 독일 사회가 겪었던 불행과 고통에 직면해서 요구되는 지도력을 제공해야 할 과제를 거듭 효과적으로 수행하지 못하고 있는 것으로 드러났다. 그 짧은 역사에 정권의 연립이 꼬리에 꼬리를 물었지만, 결국은 안정적이고 효과적인 지도력을 보여 주지 못한 채, 많은 정부들이 들어섰다가 물러나고 말았다. 패배와 굴욕으로부터 태어난 바이마르 공화국은 불안정과 소요가 횡행하는 상황을 맞이하다가 결국 국가사회주의의 등장에 길을 내주면서 재앙으로 마감되고 말았다. 독일에서 바르트가 체류한 시간은 독일이 전후 그 정치적, 경제적 착지(着地)를 위해 씨름하던 그 나라 역사의 전환기적 맥락 속에 위치해 있다.

괴팅겐 대학의 개혁신학 교수

바르트가 1921년 가을에 교수직을 감당하기 위해 자펜빌에서 괴팅겐(Göttingen)으로 이주한 것은 그의 생애와 신학의 발전에서 결정적인 사건이었다. 그것은 당연히 바르트에게 그의 사상을 발전시킬 수 있는 보다 중요한 환경(스위스의 작은 목회지와 대조되는 독일의 대학 교수직)을 제공했다. 그리고 이것이 확실히 그의 영향력을 증대시켰다. 그러나 학문적인 배경으로 옮기는 것은 비록 실질적인 변화는 아니더라도 스타일과 접근의 변화를 요구했다. 바르트는 이것을 즉각적으로 깨달았다. 한편으로는 자펜빌에서 가지기 시작했던 동일한 생

각들을 개진하려 하면서도, 바르트는 다른 한편으로 이러한 생각들이 비판과 오류와 남용들에 대한 확인에 보다 초점을 맞추고 있다는 사실과 이제 그가 '지도하는 지위'에 있고, 그가 쓰듯이 '단순히 반대하던 입장'에 있던 시절에 깨닫지 못했던 책임을 감당해야 한다는 점을 깨달았다.[1] 새로운 지위와 함께 바르트는 신학에 대한 그의 접근방법을 아주 상세하게 정립하고, 교회와 기독교의 증언을 위한 그 의미를 설명할 기회를 부여받았다. 바르트는 이러한 예상치 못한 기회를 십분 활용하기로 결심했다. 그래서 계획하거나 예상한 것은 아니었지만, 바르트는 그 기회가 제공한 도전들을 확실히 즐겼다. 그러나 그는 또한 처음부터 자신이 착수한 일이 광범위한 지식을 수반한다는 사실을 깨달았다. 바르트가 교수직을 받아들여 괴팅겐에 왔을 때, 그는 아직 그러한 광범위한 지식을 소유하지 못했기 때문에 그것을 얻기 위해 더 열정을 기울여 연구해야 할 필요가 있었다.

바르트의 신학에 대한 지식의 부족은 그가 특별히 가르쳐야 하는 영역에까지 미쳤다. 개혁신학의 석좌교수로서 바르트는 개혁교회의 신앙고백서들을 소개하고, 개혁교회의 교리와 신학의 가르침들을 설명하고, 개혁교회의 삶과 사역, 그리고 실천들을 적절하게 고찰해야 하는 수업을 제공해야만 했다. 그러나 그가 나중에 받아들였듯이, 비록 그가 개혁교회에서 목회훈련을 받고 봉사했음에도 불구하고, 괴팅겐 대학에서 가르치기 시작했을 때, 그는 개혁교회의 신앙고백서들을 가지고 있지도 않았을 뿐더러 그것들을 읽어 본 적도 없었다. 따라서 그는 오랜 시간 동안 열심히 연구했는데, 종종 밤새 불을 밝히면서 "구체적으로 개혁교회적인 신학의 비밀들"[2]을 철저히 이해하고, 그것들에 익숙해지기 위해 애썼다. '개혁교회 교의학'(나중에 보다 교의학의 이념에 관하여)을 가르치기 위해 스스로 준비하면서, 바르트는 어떤 것을 배우기 위해 가장 좋은 길은 그것을 가르치는 것이라는 생각을

따랐고, 몇 학기 동안 본질적으로 그 자신의 가르침을 위해 개혁교회 신학의 역사를 강의하겠다고 선언했다. 첫 다섯 학기에 바르트는 '하이델베르그 요리문답'(질문과 대답의 형태로 제시된 개혁교회 교리의 표준적인 요약), 개혁전통의 가장 중요하고 창시적인 사상가인 '장 칼뱅의 신학', 스위스의 개혁자요, 초기 개혁교회 신학자인 '츠빙글리의 신학', 개혁교회 신앙고백서들의 신학과 마지막으로 '슐라이어마허의 신학'에 관한 주요 강좌들을 개설했는데, 이 강좌들은 일반적으로 주당 서너 시간으로 이루어졌다. 이들 강좌들을 통해 바르트는 개혁전통의 관점에서 교의학을 가르치기 위해 준비하면서 개혁신학의 특징적인 면모들을 친숙하게 파악할 수 있었다. 이 중요한 학기들 동안 바르트는 또한 주당 한 시간짜리인 보다 짧은 강좌들을 통해 신약성경에 대한 신학적 해석을 가르쳤다.

　　소화해야 할 필요가 있는 엄청난 양의 자료들을 감당하기 위해 바르트는 "적어도 학문적 당나귀(나는 차마 그것을 말이라 부를 수 없을 정도이다.)에 올라타고 대학으로 달리는 기술을 얻기까지 밤낮 가리지 않고 고전과 신간 사이를 왔다 갔다 하는 방식으로" 연구에 몰두했다.[3] 그는 수업을 준비하기 위해 자주 밤 늦은 시간까지 연구했는데, 강의가 시작되기 몇 시간 전에야 그 준비를 겨우 마칠 경우도 종종 있었다. 이러한 연구를 통해 바르트는 그의 새롭게 떠오르는 신학이 개혁신학의 전통과 부합되는 방식들임을 점차 깨닫게 되었다. 바르트는 이렇게 언급하기도 했다. "다행히 내 신학이 내가 알던 것보다 더 개혁전통적이고 칼뱅주의적이 되었다는 것을 알게 되었고, 그래서 나는 내 특수한 개혁전통의 과제를 기쁨으로 마음의 괴로움 없이 추구할 수 있었다."[4]

　　그러나 전통의 신학에 대한 바르트의 점증하는 이해가 그가 잠시 동안이나마 그것에 대해 무비판적이었다는 것을 의미하는 것은 아니다. 실제로 하이델베르그 요리문답에 대한 그의 첫 강의에서 바르트는 이 요리문답을 종교개혁의 통찰과 흥분이 신학적인 안주로 퇴행하는 순간을 나타내는 문제가 있는 작품으로 간주했다. 따라서 그는 하이델베르그 요리문답서에서는 어떤 중요한 것도 일어나지 않았다고 결론을 내렸다. 그러나 학기가 끝날 즈음에 바르트는 생각이 조금 바뀌어 그 요리문답에 대해 여전히 비판적인 관점을 견지하면서도 그 속에 감탄할 만한 내용이 많이 들어 있다는 것을 깨닫게 되었다. 개혁신학의 출현과 역사를 이해하고, 그것에 익숙해지는 과정에서 바르트는 자신이 점점 더 개혁전통의 역사적 문헌들과 놀라운 관계를 맺어 가고 있음을 깨닫기 시작했다. 그 결과 바르트는 어떤 의미에서는 모든 것이 비판의 대상이 된다고 믿으면서도, 또다른 의미에서는 모든 것이 선하다고 볼 수 있다고 말할 수 있었다.

　　16세기와 17세기의 생각들과 교리들에 대한 이러한 종류의 지속적인 갈등과 변증법적 관계성이 중요한 전환기마다 바르트 신학사상의 발전을 형성하는 동인(動因)이 될 수 있었다. 바르트는 개혁교회 전통의 신학문헌들에서 나타나는 것과 정확히 동일한 방식으로 단순히 그 가르침들을 재생산하려 하지 않고, 종교개혁 개신교 정통주의(the Orthodoxy of Reformed Protestantism)를 해석하려고 하였다. 이러한 방식으로 바르트는 개혁신학이 [항상] 개혁하는 신학이라는 생각을 분명하게 표현했다. 언제나 변화하는 상황과 환경 속에서 하나님의 말씀에 따라 교회의 신앙과 실천을 지속적으로 개혁하고자 하는, 종교개혁적 관심에서 일어나는 이러한 다짐이 "개혁된 교회는 하나님의 말씀에 따라 항상 개혁한다."라는 말 속에 포착되어 있다.

　　교회의 신앙과 실천에 대한, 지속적인 개혁에 대한, 이러한 관심은 개혁교회적 신학 이해와 관련해서 상응하는 원리를 제시한다. 개혁신학은 다양한 문화적 배경에 의해 특징지어진, 항상 변화하는 세계의 맥락에서 예수 그리스도의 복음을 증언하기 위해 하나님의 말씀에 따라 항상 개혁된다. 교회와 세계의 통치와 인도에서 개혁과 신학, 하나님의 우선성과 자유에 대한 이러한 접근을 이끌어 가는 가장 중심적인 신학적 확신들 가운데 하나가 이미 바르트의 신학에 대한 확신들 중 중심을 차지하고 있었다. 따라서 종교개혁의 관점에서 신학의 과제는 단 한 번 끝난 어떤 것도 아니고, 또 그럴 수도 없을 뿐더러 오직 '진정한 개혁적' 입장에 영속적으로 호소될 수 있을 뿐이다.

　　하이델베르그 요리문답에 대한 강의 후, 바르트는 장 칼뱅의 신학으로 관심을 돌렸다. 바르트는 칼뱅을 읽고 강의하는 경험을 완전

히 새로운 발견으로 비유했다. 그는 그 경험을 히말라야 산맥에서 곧장 쏟아져 내려오는 강력한 폭포나 이상하고 신화적인 힘을 지닌 원시림으로 비유하기도 하고, 또 그것을 빨아들이고 이해할 자신의 능력을 절대적으로 압도하는 어떤 것으로 비유하기도 했다. 그는 자신의 남은 삶을 칼뱅에게서 배우며 즐겁게 보낼 수 있을 것이라고 말하기도 하고, 또 그 자신이 아직도 알아야 할 것이 너무 많기 때문에, 자신의 학생들에게서 발견하고 배운 것 가운데 단지 작은 부분만을 전해 줄 수 있다고, 겸손하게 고백하기도 했다. 종교개혁 전통에 대한 바르트의 비판적인 이해와 아울러 칼뱅에 대한 그의 강렬한 매료는 그의 신학의 발전에 큰 영향을 미치게 되었고, 마침내 그는 자신이 표현한 대로, "순수 개혁신학에 천천히, 그러나 확실히 열중하는"[5] 점점 더 확신에 찬 개혁교회 신학자가 되었다.

바르트는 석좌교수였기 때문에, 학생들은 그 강의를 필수로 들어야 할 필요가 없었고, 따라서 처음에는 수강생이 꽤 적은 편이었다. 그러나 몇 학기가 지나면서 부분적으로는 새롭게 떠오르는 그의 신학에 대한 관심과 아울러, 그가 배우는 자의 자세를 견지했기 때문에 그의 수업을 듣고자 하는 수강생들이 점점 더 많아졌다. 그는 학생들이 여전히 배우는 자세를 가지고 신학적 문제들과 늘 새롭게 계속해서 씨름하는 교수에게 특별히 관심을 보인다는 사실을 알게 되었다. 한편 바르트는 학생들과 그들이 신학의 과제를 풀어 나가는 데 가져온 개방성과 영민함을 충분히 즐기면서 강의를 진행하였다. 대학에 소속된 신학자로서 그의 새로운 사명을 감당하던 초기에 학생들은 바르트의 동반자가 되었다. 그리고 바르트는 학생들이 이제 막 만개하기 시작한 그의 연구와 강의에 대해 언급하고, 저항하며, 반대하는 것을 통해 도전과 아울러 상당한 도움을 받았다.

바르트는 자신이 자펜빌에서 갈망했던 것을 이제 괴팅겐에서 풍성하게 누리게 되었다. 바르트는 지적으로 도전적인 환경에서 사람들과 함께 고민했던 문제들에 대해 이야기하고 토의할 기회를 즐겼다. "나는 괴팅겐 대학의 많은 학생들이 아낌없이 보내 주는 감사 때문에 그들이 알 수 있는 것 이상으로 감사하며 보냈다."[6] 괴팅겐에서 가르친 첫 해를 마무리하면서, 바르트는 강의실 밖에서 이제 발전해 나가고 있는 자신의 신학을 목사들과 신학자들에게 소개하기 위해 세 개의 특강을 마련했다. 이 세 가지 강연 중에 특별히 중요한 강연은 첫 번째 강연인 "신학의 과제로서의 하나님 말씀"(이것은 "하나님의 말씀과 목회의 과제"로 번역되어 「하나님의 말씀과 인간의 말」이라는 책으로 출판된 논문집에 수록되었다. 우리는 이 책을 인용할 것이다.)이었다. 이 강연은 엘거스부르그(Elgersburg)에서 열렸는데, 이 강연을 통해 바르트는 처음으로 신학적 방법에 대한 자신의 접근방법에 대한 상세한 성찰 강령을 제시했다.

신학의 불가능한 가능성

이 강연에서 바르트는 변증법적 신학에 대한 마지막 장에 인용된 논제를 취한다. "목사들[혹은 신학자들]로서 우리는 하나님에 대해 말해야 합니다. 그러나 우리는 인간이기 때문에 하나님에 대해 말할 수 없습니다. 그러므로 우리는 우리의 의무와 무능력을 동시에 인정해야 하고, 바로 그 인정에 의해 하나님께 영광을 돌리게 됩니다."[7] 이 세 가지 주장이 강연의 골조를 제공하는데, 바르트는 각각의 주장을 차례로 강연의 단락으로 처리한다.

세 단락 가운데 두 번째 단락에서 바르트는 하나님에 대해 말할 인간의 무능력을 다루면서 방법에 대해 고찰한다. 그는 역사를 통해 신학자들이 하나님에 대해 말하려고 했던 세 가지의 길을 고찰한다. 즉, 교의학적(dogmatic) 길, 자기비판적인(self-critical) 길, 그리고 변증법적(dialectical) 길이다. 교의학적 접근은 전통적인 정통주의의 길로서 하나님과 하나님에 대한 그 신학적인 주장 사이의 관계가 본질적으로 직접적이고, 그 하나님에 대한 명제적 진술들이 하나님의 객관적 실재에 상응한다고 가정하는 경향이 있다.

　　이 접근의 문제는 무한하고, 영원하며, 초월적인 존재인 하나님의 살아 있는 실재가 교의학적 접근의 특징을 이루는 '객관성에 대한 기호(嗜好)'에 의해 사실상 부정된다는 것이다. 이 길은 결국 실패하게 되는데, 그 까닭은 그것이 하나님의 언설(the divine speech)인 하나님의 말씀(the Word of God)을 하나님에 대한(about) 진술들과 주장들로 대체하기 때문이다. 하나님의 말씀과 동떨어진 신학은 그 정해진 과제를 성취할 수 없다. 따라서 교의학적 길은 결국 실패하게 되는데, 모든 인간의 길과 마찬가지로, 그것도 하나님에 대해 말할 수 없기 때문이다. 교의학적 방법의 치명적 약점은 그것이 이러한 무능력을 인식하지 못한다는 점이다.

　　자기비판적인 접근은 신비주의와 관념주의의 길인데, 이 길은 인간을 부정함으로써 하나님에 대해 말하려고 한다. 이러한 접근에서, "하나님은 이것 또는 저것이 아니다 ; 하나님은 결코 대상이나 어떤 것, 혹은 반대, 혹은 둘째가 아니다 ; 하나님은 성질을 지니지 않고,

모든 것을 충만하게 하며, 오직 인간의 특수한 개별성에 의해 방해를 받는 순수 존재이다. 이 후자를 마침내 제거하면 영혼은 확실히 하나님을 인식할 것이다."[8] 바르트는 이것을 자기비판적이라고 일컫는데, 그 이유는 그것이 인간들을 불러 심판 아래 세우고, 그들의 한계와 무능력을 깨닫게 하기 때문이다.

이러한 자기비판적인, 신비적인 접근은 교의학적 접근이 가장 취약한 곳에서 가장 큰 강점을 가지지만 여전히 부족하다. "여기서 뭔가가 발생한다 ; 여기서 우리는 믿어야 할 교훈들과 함께 선 채로 남겨지지 않는다 ; 여기서 우리는 심각하게 공격을 받는다. 그러나 여기서조차 우리는 하나님에 대해 말할 수 없다."[9] 이러한 접근에서 확실한 것은 인간이 부정되어야 한다는 것이다. 그러나 기억되어야 하는 것은 인간이 얻을 수 있는 그 어떤 부정도 하나님의 능력과 참된 현존에 의해 야기된 궁극적인 부정(the ultimate Negation)만큼 포괄적이고 근본적이지 않다는 점이다.

바르트에 따르면, 변증법적 접근은 지금까지 최선의 방법이다. 바르트는 이 방법을 바울과 종교개혁자들과 연계시킨다. 교의학적 방법과 자기비판적인, 신비적 방법에 포함된 진리들이, 그 단편적이고 상대적인 본성을 인식하는 가운데 이 방법에 의해 전제된다. "이 방법은 처음부터 한편으로는 하나님에 대한 관념과 다른 한편으로는 인간과 인간적인 모든 것들에 대한 비판을 진지하고도 적극적으로 발전시키려 한다. 그러나 이것들이 이제 독립적으로 고찰되지 않고 그 공통적인 전제, 즉 확실히 명명될 수는 없지만, 그러나 그 둘 사이에 놓여서 그것들의 의미와 해석을 부여해 주는 살아 있는 진리를 부단히 지시한다."[10] 그러나 변증법적 방법에서도 인간이 하나님에 대해 말할 수 없다는 것은 여전히 타당하다. 왜냐하면 인간은 신학의 중심에서 교의학적 접근의 긍정 또는 자기비판적 방법의 부정을 살아 계신 하나님의 실재에 관계시킬 수 없기 때문이다. 그 까닭은 하나님은 결코 인간의 통제를 받을 수 없기 때문이다. 그러므로 적절하게 행해질 수 있는 유일한 것은 이 상황의 현실들을 증거하는 것이고, 계속해서 주의를 기울여 인간의 긍정과 부정을 서로에게 관련시키는 것이다.

변증법적 방법을 진정으로 적용하는 사람은 이 살아 있는 중심이 이해되거나 보여질 수 있는 것이 아님을 알기 때문에, 좀처럼 그것에 대한 직접적인 지식이나 소통을 제공하지 않을 것이다. 왜냐하면 그는 "그러한 모든 지식 ― 그것이 긍정적이든지 부정적이든지 간에 ― '실제 지식'이 아니라 '항상 교리'이거나 또는 '자기 비판'이라는 것을 알기 때문이다. 우리는 오직 이러한 좁은 바위 봉우리 위를 걸을 수 있을 뿐이다." 우리가 멈추어 서려고 애쓴다면, 오히려 오른쪽 아니면 왼쪽으로 떨어질 것이다. 따라서 유일한 선택은 앞으로 나아가면서 부단히 양쪽, 즉 '긍정에서 부정으로' 그리고 '부정에서 긍정으로'를 번갈아 쳐다보는 것이다.[11]

바르트가 언급하는 각각의 접근들이 진리의 요소들을 포함하고 있다. 변증법적 방법이 선호되는데, 그 이유는 그 방법이 교의학적 방법과 자기비판적 방법의 통찰들을 관계시키려고 하기 때문이지, 그것이 다른 방법들보다 더 성공적이기 때문은 아니다. 근본적인 주장은 여전히 견지된다. 즉, 우리는 하나님에 대해 말할 수 없다. 인간의 관점에서 볼 때, 신학은 하나의 불가능성이다. 신학은 오직 하나님이 말하여질 때 하나님이 말씀하시는 곳에서 가능하다. 인간은 이 자기 계시적 언설을 통제할 수 없기 때문에, 신학을 수행하는 데 있어서 항상 하나님에게 의존한다.

이러한 사태의 현실을 전제로 하면 인간들이 할 수 있는 것은 대안적이고, 대립적인 주장들에 대한 긍정을 통해 신학적인 주장들의

계속적인 부정에 의한 그들의 피조적 부적합성을 증거하는 것이다. 진술을 반대해서 진술을 제시하는, 이러한 지속적인 실천이 바르트의 변증법적인 신학적 방법을 형성한다. 그러나 이 변증법적 방법은 인간들로 하여금 하나님에 대해 말할 수 있게 하는 수단은 아니다. 오히려 그것은 인간들이 증거할 의무에 비추어 볼 때 하나님에 대한 인간의 언설의 불가능성을 증거하기 위한 유일하게 가능한 방법으로 채택된 응급조치일 뿐이다. 나아가 바르트는 변증법적 방법이 인간의 언어를 중요하게 만들어서 살아 계신 하나님의 실재를 증거할 수 있게 만드는 것으로 보일 경우에는 언제나 변증법적 방법을 적용하는 사람이 행한 것이나 또는 변증법적 주장 때문에 그것이 성취된 것이 아님을 기억하는 것이 중요하다. 오히려 그것은 궁극적 실재, 즉 하나님의 실재의 중심에 있는 살아 있는 진리가 하나님의 자유와 의지, 그리고 오직 하나님과 일치하여 하나님에 의해 주장되었기 때문이다. "그러나 이러한 가능성, 즉 하나님이 [인간의 언어로] 말해질 때 하나님이 스스로 말씀하시는 가능성은 그 자체로 변증법적 방법의 일부가 아니다. 오히려 그것은 이 방법이 끝나게 되는 지점에서 일어난다."[12]

달리 말하면, 신학의 목표는 하나님이 그것을 말씀하시려 하는 방식으로 하나님의 말씀을 말하는 것이기 때문에, 신학은 인간적으로 가능하지 않다. 왜냐하면 인간들은 이러한 표준에 이를 수 없고, 그 어떤 방법도 그렇게 할 수 없기 때문이다. 그러나 이것은 신학이 완전히 불가능하다는 뜻은 아니다. 오히려 그것이 가능하다면, 그것은 오직 하나님의 가능성으로만 가능하다는 뜻이다. 하나님이 인간의 언어들을 취해서 자기 계시의 목적들을 위해 사용하시는 오직 하나님의 은혜에 의해서, 인간의 언어들의 본래적인 부적합성에도 불구하고, 신학은 가능하게 되는 것이다. 그러므로 신학은 오직 하나님의 의지에 의해서만 가능해지는 하나의 불가능한 가능성이다. 변증법적 방법은 신학의 과제를 수행할 인간들의 부적합성과 하나님에 대한 인간들의 의존에 대한 형식적 증언의 수단으로 기능한다.

2년 후에 바르트는 처음으로 기독교 교의학에 관해 강의하려고 하면서, 이러한 독창적인 생각들에 대한 상세한 신학적 표현을 부여하는 그의 평생 과제를 시작하게 된다.

괴팅겐 교의학

1924년 초, 바르트는 처음으로 여름 학기에 교의학에 대해 강의하는 것으로 관심을 돌렸다. 교의학은 기독교 공동체가 기독교 신앙을 세상에 증언하는 데 있어서 그것이 믿는 바를 분명히 이해하도록 돕기 위해서 교회를 위해 기독교 신앙의 특징적인 내용을 명백하게 해명하려는 시도를 가리킨다. 그것은 또한 어떻게 기독교 신학의 내용이 모든 새로운 사회적, 언어적, 그리고 문화적 배경에서 가장 적절하고도 효과적으로 전달되고 소통될 수 있는지를 고찰할 실천적인 목적을 위한 기독교 신학의 내용에 대한 탐구이기도 하다. 이러한 의미에서 바르트 자신이 나중에 말할 수 있었듯이, "교의학은 그 자체로 사도들과 예언자들이 말한 것이 아니라 우리가 사도들과 예언자들을 기초로 삼아 말해야만 하는 것을 탐구하는 것"[13]이다.

바르트는 로마서 강해와 탐바흐 강연에서 제시한 관점들뿐 아

니라 엘거스부르그 강연에서 설명했던 신학의 불가능한 가능성과 변증법적 방법의 형상적 원리들에 대한 자신의 확신에 부합하는 교의학에 대한 설명을 발전시키는 데 몰두했다. 그러나 지배적인 신학적 입장에 대해 비판하고, 약간의 형상적 원리들을 해명하는 작업으로부터 새로운 모델의 온전한 구축(構築)으로 나아가야 할 도전에 직면하면서, 회의(懷疑)에 시달리게 되었다. "나는 1924년 봄방학을 결코 잊을 수 없다. 나는 처음으로 교의학을 강의할 과제를 마주한 채 괴팅겐에서 앉아서 연구하고 있었다. 아무도 그때 '내가 그것을 할 수 있을까? 어떻게 할 수 있을까?'라는 문제를 가지고 회의한 것보다 더 깊은 회의를 한 사람은 없을 것이다." 바르트는 최근에 성서연구와 역사연구에 기울인 자신의 노력이 "당시의 고상한 계층과 내가 보다 더 분명하게 깨닫기 시작했듯이, 보다 최근의 거의 신학 전체의 모임으로부터 나를 점점 더 고립시켰다."[14)]는 것을 더욱 절실히 깨닫기 시작했다. 그리고 텅 빈 공간에 스승 없이 홀로 방치된 자신을 발견하게 되었다.

성경 안에 있는 낯선 새로운 세계의 '발견'과 이어지는 강의와 설교를 통한 그 세계에 대한 '몰두'를 통해 바르트는 성경이 그의 교의학에서 중심적인 요소가 되어야 함을 확신하게 되었다. 또한 그의 연구를 종교개혁자들, 특별히 개혁교회 전통의 연구와 연관시키는 데 열중했다. 다양한 선택지들 가운데서 그것을 어떻게 할 것인지가 문제였다. 그는 성경에 대한 자신의 열심과 관련해서 "근대 성서주의의 발자국에 끌리기보다는 당혹스러워 하는 자신을 발견했다." 그는 또한 종교개혁자들과 연관시키려는 그의 바람(desire)이 전혀 독특하지 않다는 사실을 깨닫게 되었다. 결국 그가 썼듯이 "지난 두 세기의 개신교 신학 역사의 중심(soul)이 모든 것을 종교개혁자들에게 의존하는데, 그것이 도대체 무슨 의미가 있단 말인가? 그것이 개신교 교의학에 미친 영향은 무엇인가? 내 왼쪽과 오른쪽에서 계속해서 도대체 무엇이 일어나고 있는가?"

놀랍게도 바르트는 그 당시 막 출판된 하인리히 헵페(Heinrich Heppe)의 「개혁교회 교의학」(*Reformed Dogmatics*)에서 전혀 예상하지 못했던 도움을 발견했다. 이 교의학은 16세기로부터 18세기 초까지 개혁교회 신학자들의 글을 수집한 것으로 교의학의 모든 표준들을 다루고 있었다. 바르트는 이 책을 "낡고, 먼지가 쌓이고, 매력도 없을 뿐 아니라 내가 열어 본 모든 쪽에서 읽기 따분하고 딱딱하며 기괴한 것이 거의 대수표(對數表, a table of logarithms)와 같았다."라고 묘사했다.[15]

그 첫 [부정적인] 인상에도 불구하고, 바르트는 끈기 있게 연구했고, 곧 "종교개혁자들을 경유해서 성서로 통하는 길이, 지금까지 너무 친숙한 슐라이어마허와 리츨에 의해 규정된 신학 저술들의 분위기보다 따라 걷기에 더 분별력 있고 자연스러운 길"[16]임을 깨닫게 되었다. 개혁적 정통주의, 즉 츠빙글리와 칼뱅과 같은 종교개혁자들의 첫 두 세대를 뒤따라 그들의 통찰이 웅장한 신학체계로 성문화되고, 형태를 갖추는 시기를 발견한 것이 바르트에게 대단히 중요했다. 사실상 개혁교회 신학자들의 영향은 그의 첫 교의학 강의를 통해 분명하게 나타난다. 개혁교회 신학자들이 그의 사상의 형성과 발전에 중요한 영향을 미쳤다. 그는 자주 개혁교회 신학자들을 인용하고 있고, 실제로 루터나 칼뱅보다 그들을 더 자주 인용하면서, 그들의 신학적 명민함과 설명하고 기술하는 능력을 적극적으로 평가하면서 매우 진지하게 그들을 다룬다.

바르트는 개혁교회 신학자들이 신학 연구에 도입한 훈련과 깊이 있는 취급에 강한 인상을 받았고, 신학적인 개념들과 문제들에 대한 그들의 취급에서 "옛 신학 학파의 스승들"의 특징을 보여 주는 "동일하게 현저한 객관성과 명민함"을 자신도 지니기를 소원했다.[17] 바르트가 이들 개혁주의 신학자들에게 보인 깊은 존경과 관심은 특별히 그들의 사상의 명약관화한 교회적 성격과 관련이 있다. 그들은 교의학을 교회를 섬기는 신학 분야로 서술했는데, 이러한 통찰이 바르트의 저작을 통해 중요한 영향을 미쳤다. '오래된 교의학'에 대한 그의 이해에 비추어, 바르트는 그의 학생들이 루터교와 개혁교회의 정통주의 신학의 개론들을 현재의 교의학 연구를 위한 중요한 배경적 자료로 간주하고, 아울러 슐라이어마허의 저작들과 근대신학에 그들의 관심을 돌리기 전에 그것들을 먼저 읽도록 강력하게 권면했다.

바르트의 개혁교회 정통주의의 전거 사용과 관련해서 두 가지

점이 주목되어야 한다. 첫째, 그것들에 대한 그의 이해에도 불구하고, 그가 보기에 개혁교회 정통주의 신학자들의 결론과 주장들로 단순하게 회귀하는 것은 선택지가 될 수 없음이 분명한 것이었다. 그는 종종 개혁교회 정통주의에 대해 날카로운 비판을 제시했다. 이 전통과의 연속성을 유지하는 것이 중요하기는 했지만, 또한 그것이 단순히 "오래된 기독교 교의학 혹은 개혁교회 교의학의 복고"[18]를 의미할 수는 없다고 주장했다. 참된 교리는 추구되어야 할 어떤 것이지, 주어진 것은 아니기 때문이다. 물려받은 교리들이나 신학적 가르침들은 중요하기는 하지만, 원칙적으로는 여전히 "바꿀 수 있고, 개혁 가능하며 보완을 필요"[19]로 한다. 그 교리들이나 가르침들은 그것들이 재확립될 수 있는지, 또는 수정을 필요로 하는지 알아보기 위해 나름대로 거듭된 심사를 받아야 하고, 정밀한 검토를 받아야 하며, 조사를 받아야 하는 교회 안에서의 지속적인 신학적 성찰의 과제를 통한 예비적인 정차역으로 기능한다.

둘째, 바르트의 이러한 전거들의 사용과 전개는 교의학의 과제에 대한 그의 실증적(positive)이고 구축적(構築的)인 관심을 상기시키는 촉매로 기능한다. 이것은 특별히 자유주의 신학과 인간을 위한 하나님에 대한 지식의 일반적인 접근 가능성에 대한 자유주의 신학의 거만하고 길들여진 가정들에 대한 엄격한 비판에 관계하는 바르트의 보다 초기 저작들에서 채택된, 보다 비판적인 입장의 맥락에서 염두에 두는 것이 중요하다.

이러한 생각에 바르트는 큰 소리로 "아니오!"라고 말한다. 그러나 이것이 하나님의 은혜와 의지에 의해 부정(the No) 아래와 위에 있는 긍정(the Yes)으로부터 우리 주의를 산만하게 하거나 빼앗아서는 안 된다. 바르트는 하나님의 말씀의 신학에 대한 실증적인 긍정에 대한 관심을 상실한, 단순히 비판적이기만 한 사상가가 결코 아니었다. 그의 초기 작품들에 지배적으로 나타나는 비판의 정신은 신학의 영역뿐 아니라 보다 광범위한 기독교 문화 속으로 도입된 근본적인 왜곡들과 그에 상응하는 고전 기독교 전통의 언어와 사상의 일식(日蝕)에 대한 인식 때문이다. 그러므로 그는 적극적인 긍정을 위한 공간을 창출하기 위해 오랫동안, 그리고 큰 소리로 "아니오."라고 말해야 했다는 점을 깨닫게 되었다. "우리가 그 아래 살고 있는 황폐한 부정은 긍정적이고 반대되는 측면을 지니고 있다." [20]

달리 말하면, 비록 바르트에게 초기에는 토대의 제거가 더 압도적으로 나타났지만, 토대의 제거(ground clearing)와 구축(構築)은 항상 함께 진행되었다. 결국 전면적인 구축이 이루어지기 전에 토대가 제거되어야 했고, 준비되어야 했다. 그리고 만일 이러한 구축 작업의

초기 국면이 좀더 파괴적이었다면, 구축적인 목적이 언제나 가시화되는 것도 참이다.

우리는 6장에서 바르트의 성숙한 교의학의 내용을 살펴볼 것이기 때문에, 여기서는 단지 하나님은 하나님이라는 그 위대한 주제에 주목하는 것을 제외하고는 바르트의 초기 강의들을 상세하게 살펴보지 않을 것이다. 초기로부터, 그리고 자유주의 신학으로부터의 이행과 여정을 통하여 바르트는 신학에서 행해져야 하는 것은 무엇이든지 맨 처음에서 시작하고, 하나님은 하나님이라는 것을 인식하는 것이 가장 중요하다는 점을 분명하게 주장했다. 이것은 "하나님이 살아 있고, 자유로운 모든 창조의 주인이고, 우리가 이 창조주 하나님에 대해 생각하고 말하는 모든 것은 우리가 인간이고 하나님이 아니라는 것을 증거해야 한다."는 것을 의미한다.

하나님과 인간은 창조주와 피조물로 전적으로 다르고, 혼동되어서는 안 되지만, 자유 가운데 하나님이 인간과 참된 관계를 세울 수 있고, 하나님의 말씀을 "우리의 가슴과 입술"[21]에 둘 수 있다는 것 또한 참이다. 하나님이 하나님이라는 것은 하나님과 인간의 관계가 결코 대칭의 성격을 지니고 있는 것이 아니라 항상 비대칭적이라는 것을 의미한다. 하나님은 항상 주도권과 우선권을 가지고 있는 반면에, 인간은 언제나 하나님에게 의존하는 입장에 있다. 그것은 신학이 인간에게는 하나의 불가능한 가능성이면서, 하나님의 자극에 의해 하나님의 자유로 가능한 불가능성이라는 것을 의미한다. 우리는 인간이지 하나님이 아니다. 하나님은 하나님이시다.

"하나님은 하나님"이라는 주장은 또한 심오한 정치적이고 문화적인 함의(含意)를 수반한다. 그것은 하나님에 대한 지식에 대항해서 설정되는 모든 경쟁자들, 상징들과 주장들이 철회되어야 함을 의미한

다. 왜냐하면 하나님에 대한 지식과 실재는 다음과 같은 것을 의미하기 때문이다. 즉, "우상들(gods)의 가장 근본적인 황혼이다. 올림푸스 산(역자주 : 그리스 신화에서 유명한 제우스를 포함한 열두 신이 거주한다고 알려진 산)과 발홀의 궁전(역자주 : 북유럽 신화에서 전장에서 쓰러진 전사의 혼이 거주한다고 알려진 이상향 혹은 궁전)은 공허하고 무의미하고 세속화된다. 그곳의 거주자들은 계속해서 관념들, 악령들, 유령들로서 점점 약해지다가 마침내 희극적인 형상들이 된다.

　　　오직 한 분 하나님이 계신다. 어떤 진술도 모든 신화들과 이데올로기들에 대해 이것보다 더 위험하고 혁명적이지 않다."[22] 바르트의 이러한 확신이, 결국 독일의 정치적 상황이 국가사회주의의 등장을 향해 가차 없이 나아가는 상황에서, 바르트를 20세기에 하나님의 관점에 대한 가장 악명 높은 주장자들의 하나(히틀러)와 직접적인 갈등 상태로 몰아넣게 된다.

CHAPTER FIVE

기독교적인 증언

뮌스터 대학의 신학 교수

괴팅겐에서 4년을 보낸 후, 바르트는 1925년 7월에 뮌스터 대학의 교의학과 신약성서주석 교수로 임명되었다. 그는 10월 말 뮌스터에 도착해서 뮌스터 대학의 상대적으로 적은 개신교 신학교 교수단(역자주 : 가톨릭 교수단의 큰 규모와 비교해서 개신교 교수단이 작다는 뜻)의 새로운 교수직에 취임했다. 괴팅겐이 루터교의 요새라면, 뮌스터는 가톨릭 교회가 지배적인 도시였다. 바르트가 로마가톨릭 신학 전통과의 대화와 토의에 점증하는 관심을 가지게 되었다는 점에서 이러한 장소와 환경의 변화는 상징적이었다. 바르트는 개신교 자유주의와의 지속적인 토의를 점점 더 막다른 골목과 같은 어떤 것으로 보게 되었다. 신개신교 신학자들(neo-Protestants)은 종교철학과 역사연구를 일차적으로 강조했지만, 바르트는 자유주의 신학의 도래와 함께 지나가 버리고, 잊혀져 버린 신학 주제들과 문제들에 대한 열정적인 관심을 가졌다. 한편으로는 해석의 많은 주안점들에 있어서 가톨릭 신학자들과 상당히 다른 견해를 가지고 있었지만, 또다른 면에서 본질적인 신학적 문제들에 대한 강도 높은 관심을 공유했다.

이러한 발견에 비추어 바르트는 뮌스터에 있는 동안 가톨릭 신학에 점증하는 관심을 보이면서, 로마가톨릭 전통에 대해 강력한 비판을 행해야 할 필요가 있다고 느낀 부분들뿐 아니라 동시에 특별히 개신교 자유주의와 달리 로마가톨릭 전통에서 매력적이라 여겼던 방식들을 설명하려 했다. 바르트는 가톨릭 신학자들과 개신교 신학자들이 교회에 대해 말할 때 그들은 동일한 실재에 대해 말하기는 하지만, 이 실재를 꽤 다르게, 그리고 신학적으로 양립할 수 없는 방식으로 말한다고 주장했다.

이 두 주장은 중요하다. 첫째 주장과 관련해서 바르트는 가톨릭 신학자들과 개신교 신학자들 사이의 대화는 상대편이 사실상 일종의 우상숭배에 종사한다는 가정 위에서 수행될 수 없다고 주장했다. 이 주장은 대화를 유쾌하게 하는 것은 아니지만, 너무 쉽게 만든다. 이 주장은 가톨릭 신학자들과 개신교 신학자들의 분열이 고통스럽고 치유가 필요하다는 것을 제시하는 것은 아니다. 만일 분열이 고통스럽지 않고 치유도 필요하지 않다면, 양 편은 단지 서로에게 적절한 정죄만을 계속해서 쏟아 내게 될 것이다. 그러나 그렇지 않다. 분열의 고통은 진정 손으로 만질 수 있을 만큼 분명하기 때문에 계속적인 대화를 불러일으키도록 돕는다. 교회에 대한 이러한 공유된 실재의 내용은 양편의 공동의 언설과 상호 고백에서 보인다. 교회는 하나이고, 거룩하고, 보편적이며, 사도적이다.

   그러나 이러한 현실을 긍정하면서, 바르트는 또한 이러한 공통의 현실이 이해되는 방식과 관련하여 가톨릭 신학자들과 개신교 신학자들 사이의 차이에 주목한다. 이러한 결정적 차이는 은혜의 본성에 집중되어 있다. 가톨릭 교회에 있어서 은혜는 사도들에 의해 세워지고, 로마에 구심점을 둔 역사적이고 제도적인 교회의 대리와 매개를 통해 받을 수 있다. 교회는 성서와 전통에 대한 가톨릭 교회의 이해와 일치하여 로마가톨릭 교회의 현존, 사역과 성례전을 통해 은혜를 소통할 능력과 위임을 하나님께 받았다. 이러한 맥락에서 사도적 계승이라는 생각은 그 신적인 위임을 성취하는 데 있어서 가톨릭 교회의 온전함

을 위해 매우 중요하다. 개신교에 있어서 은혜의 본성에 대한 중심적 확신은 교회가 은혜를 통제하거나 관리할 권한을 전혀 소유하지 못한다는 것이다. 교회는 가시적이고 역사적인 기관으로서 세상 안에 존재하는 하나님의 은혜의 도구이지만, 이것은 결코 교회가 세상 가운데 은혜의 분배를 관리할 수 있음을 의미하지는 않는다. 이러한 권한은 하나님에게, 오직 하나님에게 속한다. 은혜는 인간에 대한 하나님의 요구를 구성하고, 이러한 이해는 뒤집힐 수 없다. 아니면 은혜는 인간의 통제 수중에 들어오는 어떤 것이 되고, 그 자체가 더 이상 은혜가 아닌 것이 되고 만다.

그러므로 교회도, 교회의 어떤 개인도 하나님의 은혜를 주장할 수 없다. "교회의 영예는 오직 영원히 부요하신 하나님의 말씀을 가난한 마음으로 듣고 그 말씀이 [사람들]에 의해 들려지게 하는 데 있다. 교회는 지상의 사물들이 통제될 수 있듯이 그 말씀을 통제할 수 없다. 교회는 물질적인 혹은 지적인 재화들이 보통 소유될 수 있듯이 그 말씀을 소유하지 못한다. 교회는 선물이 아닌 어떤 것을 기대하듯이 하나님의 말씀을 당연한 것으로 여기지 못한다."[1] 따라서 바르트의 관점에서 보면 일치성, 거룩성, 보편성, 그리고 사도성이라는 교회의 네 가지 표지는 항상 하나님의 행위의 속성들로 이해되어야 한다. 하나님은 이러한 속성들을 통해 교회를 순간순간 존재하게 해 주신다.

가톨릭 전통과 관계하면서 바르트는 가톨릭 전통을 대단히 존중하고 가치 있는 대화 상대로 받아들이고 있음을 분명히 알 수 있다. 비록 사용하는 언어가 많은 경우에 꽤 강하기는 하지만, 바르트에게 있어서 우리 문화에서는 너무도 자주 조롱거리가 되는 차이에 대한 열정적인 논의가 조롱과 경멸보다는 깊은 존중의 표지가 됨을 항상 기억해야 한다. 실제로 바르트는 가톨릭 전통을 종교개혁의 유산을 물려받았다고 주장했던 개신교 자유주의보다 종교개혁자들의 사상과

정신에 더 가까운 것으로 간주하기까지 한다. 그는 가톨릭 교회에 대해 말하기를 "모든 모순들에도 불구하고, 가톨릭 교회는 종교개혁 교회보다 종교개혁자들에게 더 가깝다. 왜냐하면 종교개혁 교회가 신개신교주의(the new protestantism)가 되어 버렸기 때문이다."[2]

가톨릭 전통에 대한 바르트의 입장은 그의 평생의 활동에 걸쳐서 가톨릭 신학자들로부터 상당한 존중을 이끌어 냈다. 따라서 바르트는 가톨릭 교회와의 대화에서 지도적인 개신교 신학자의 역할을 맡게 되었다. 20세기의 가장 중요한 가톨릭 신학자들 가운데 하나인 폰 발타잘(Hans Urs von Balthasar)은 다음과 같은 말로 가톨릭 교회와의 대화 상대자로서 바르트의 중요성을 주목했다.

"그러므로 우리는 바르트에게서 두 가지의 핵심적인 특징들을 볼 수 있다 : 가장 철저하고 통찰력 있는 개신교에 대한 견해의 제시와 가톨릭 전통에 대한 가장 가까운 접근……. 우리는 개신교적 견해를 가톨릭의 견해로부터 구별하는 대조적인 점들에 대한 가장 온전하고 체계적인 작업을 하고 있다."[3]

뮌스터에 있는 동안 바르트는 또한 교의학에 관한 두 번째 주기의 강의를 개설했다. 이 강의를 위해 계획된 세 권의 시리즈 가운데 첫 권이 1927년에 출판되었지만, 이 시리즈는 중단되고 말았다. 그 이유는 바르트 자신이 첫 권을 불만족스럽게 생각했고, 나아가 그의 신학 방법과 그가 원했던 교의학의 전체 구성과 관련해서 더 명료하게 제시할 필요를 확신했기 때문이다. 따라서 바르트는 살아 계신 하나님을 적절하게 증거할 교의학을 쓰기 위한 노력으로 "다시 처음에서 시작할" 준비가 되어 있다는 것을 깨닫게 되었다.

1929년 10월 26일, 바르트는 본(Bonn) 대학의 개신교 신학교 교수단의 조직신학 학과장에 임명되었다. 그는 뮌스터에서 교수단의 학감으로 일하면서 한 학기 더 체류하고 난 후, 1930년 5월에 본으로 옮겨 둘째 학기를 가르치기 시작했다.

본 대학의 신학 교수

바르트가 본 대학의 개신교 신학교 교수단의 조직신학 학과장에 임명됨에 따라 신학교 교수단의 운명은 극적으로 바뀌었다. 학생들의 수가 즉시 두 배로 늘었고, 계속 늘어나서 정치적 상황이 지형을 바꿀 때까지 약 400명까지 증가되었다. 바르트의 주요 강좌들은 대학의 가장 큰 강의실 가운데 하나에서 진행되었는데, 300명 이상이 들어갈 수 있는 공간이었다. 그의 강의는 매우 인기가 있어서 늘 강의실이 가득 찼다. 거의 모든 신학생들이 바르트의 강의를 수강했다. 그의 세미나들도 인기가 많아서 수강생을 서른 명으로 제한하였고, 또다른 서른 명은 청강생으로 받을 수밖에 없었다. 바르트는 수강 자격을 결정하기 위해 시험을 치르기도 했다. 학생들을 끌어모으는 데 어려움을 겪었던 괴팅겐의 상황과 비교해 볼 때, 교수로서 바르트의 사상이 학생들에게 점점 더 매력과 관심의 대상이 되고 있음이 분명해졌다. 학생들은 강의실을 가득 메웠고, 기꺼이 그의 신학 발전에 관한 이야기를 들으려 했다.

    1931년 여름 학기에 바르트는 교의학에 관한 그의 세 번째 주기의 강좌를 시작하였다. 세 번째 주기의 강좌는 그의 교수활동 내내

진행되었고, 마침내 그의 대표작인「교회교의학」으로 출판되었다. 이 강의들을 통해 바르트는 초기의 비판적인 통찰들 위에 세워진 교의학에 대한 온전한 형태의 건설적 설명 체계를 형성하기 시작하였고, 하나님은 하나님이라는 신학적 입장을 견지하려 노력하였다. 이렇게 함으로써 바르트는 20세기 신학의 얼굴을 바꾸었다. 다음 장은「교회교의학」에 대한 간단한 개관을 제시할 것이다. 그러나 이 시점에서 주목해야 할 한 가지 중요한 점은 '기독교' 교의학에서 '교회' 교의학으로 명칭을 변경한 것이다.

바르트는 그가 인식하기에 교회 안에서의 '승리주의'를 향한 경향에 대해 오랫동안 관심을 보여 주었다. 바르트는 교회의 승리주의를 신학적으로 특별히 자유주의 신학의 전통에서 성령과 인간의 영을 혼동하는 너무나도 보편적인 경향과 연관되어 있는 것으로 보았다. 바르트는 승리주의를 피하기 위해 당대의 교회가 '기독교적'이라는 단어를 관례적으로 쓰던 것보다 더 주의 깊게 사용하는 것이 좋다고 주장했다. 기독교 세계관, 기독교 사회, 기독교 윤리, 기독교 예술, 그리고 기독교 기관들이라고 말할 때 그것은 무엇을 의미하는가? 그러한 거만한 말들은 '기독교적'이라는 수식어를 그 가장 참되고 진정한 의미로 정당하게 사용하는 것이 인간들의 능력과 권위를 완전히 넘어서는 것임을 인식하지 못한다. 바르트는「교회교의학」첫 권의 서문에서 "책의 제목에서 '기독교'라는 단어 대신에 '교회'라는 말을 사용할 때, 내가 반대해 온 '기독교'라는 위대한 단어의 별 생각 없는 사용에 제약을 가하는 선례를 남기려고 했다."라고 말한다. 이러한 변화는 또한 교의학의 과제가 "자유로운 학문이 아니고, 교회의 영역에 국한되는데, 오직 교회의 영역에서만 교의학이 가능하고 의미가 있다."[4]는 사실을 가리킨다. 따라서 이러한 변화는 자유주의 개신교와 그 개인에 대한 끊임없는 집착으로부터의 또다른 결별을 나타냈다.

본 대학으로의 바르트의 이주는 독일에서의 변화하는 정치적 상황과 국가사회주의당의 불길한 등장과 [시기적으로] 일치했다. 1929년 주식시장 붕괴의 국제적 영향과 맞물려 독일에서 실업률이 치솟으면서 경제적 불황과 정치적 위기가 야기되었다. 바이마르 헌법의 비상권력 조항은 정부정책을 법령에 의해 만들 권한을 대통령에게 부여했다. 이러한 상황에서 공산주의자들과 국가사회주의자들이 의회에서 상당한 의석을 차지했다. 국가사회주의자들은 야만적인 전술에 호소하면서 의회를 완전히 역기능적으로 만들어 버렸다. 이것이 정치적 상황을 걷잡을 수 없이 만들어 버렸고, 결국 바이마르 공화국을 종식시켰다. 꼬리를 무는 과도 정부의 몰락은 결국 1933년 1월에 아돌프 히틀러가 수상으로 임명되는 것으로 귀결되었다. 한 달 후 제국의 국기가 히틀러의 지지자들에 의해 불태워진 것이 거의 확실했지만, 그 누명은 오히려 공산주의자들이 뒤집어썼다. 이로 인해 비상사태가 선포되었고, 히틀러는 1933년 3월 23일에 독재자로 임명되었다. 그 후 서로 견제하는 정치 정당들이 금지되었고, 그 정당원들은 체포되거나 강제로 추방당했다. 얼마 지나지 않아 국가사회주의자들은 독일의 유일한 정치세력이 되었고, 히틀러는 정부를 완전히 지배하게 되었는데, 이것이 히틀러의 정치적 반대자들과 독일의 유대인들에게 재앙적인 결과를 낳고 말았다. 히틀러의 집권 후에 유대인들은 탄압을 받기 시작했고, 즉시 체포되기에 이르렀다.

많은 독일 사람들처럼, 바르트 또한 나치가 노정(露呈)한 엄청난 위험을 서서히 인식할 수 있었다. 그러나 1931년 들어 바르트는 독일의 정치적 상황이 "흡사 무능력하거나 또는 술 취한 사람이 운전하는 차에 앉아 있는 것과 같다."5)는 사실을 볼 수 있게 되었다. 1931년 5월에 바르트는 민주주의에 대한 점증하는 위협에 대한 저항으로 사회민주당에 가입했다. 바르트는 지난 10년 동안 독일에서 교수하면서

어떤 특별한 정치적인 참여 없이 보냈지만, 임박한 파시스트의 공포를 보면서 함께 기꺼이 감옥에 가고, 교수형을 당할 사람들이 누구인지 분명히 하는 것이 좋다고 생각했다.

1933년에 바르트는 주장하기를, 만일 설교를 통한 선포가 유대인의 추방과 박해에 대항하는 입장을 취하지 않는다면, 그의 설교는 이 시기 독일에서 예수 그리스도의 복음을 선포하는 것이 아니라고 했다. 이러한 입장을 취했기 때문에 바르트는 히틀러와 나치당에 직접적으로 대립하게 되었다.

히틀러를 반대하여

다른 그리스도인들과 함께 바르트가 히틀러에 반대했다고 말하는 것은 두말할 필요가 없이 명백한 것처럼 보인다. 결국 히틀러와 나치당의 활동들과 관련해서 역사로부터 우리가 아는 것에 기초해서, 비록 보다 많은 수의 독일 국민들이 경제적 회복과 정치적 안정에 대한 히틀러의 약속을 믿으며, 그를 따를 유혹을 받았을지라도, 교회는 히틀러를 반대했을 것이라고 우리는 믿고 싶어한다. 그러나 슬프게도 부분적으로 바르트가 반기를 들었던 자유주의 문화개신교 때문에 교회는 그렇게 하지 못했다. 우리가 가정하고 싶어함에도 불구하고 히틀러에 대한 지지는 교회로 확대되었다.

독일 교회가 히틀러와 같은 지도자의 등장에 취약했던 부분적인 이유는 교회가 1차 세계대전을 공식적으로 종식시킨 베르사이유 조약의 분명한 불공정성으로 인해 독일 국민들의 큰 대중적 지지를 얻었던 강력한 민족주의 이데올로기에 영향을 받았던 방식에서 찾을 수 있다. 이것은 특별히 독일의 개신교 교회들에게 문제가 되었다. 그중에서도 가장 특별히 루터 교회에게 문제가 되었는데, 루터 교회의 기원은 독일의 민족적 정체성의 등장과 성장과 밀접한 관계를 가지고 있었다. 독일 대중들의 마음에 마틴 루터는 단순히 개신교 종교개혁자가 아니라 민족의 영웅이기도 했다. 다른 정파들뿐 아니라 나치당과 같은 극우 민족주의자들은 루터의 우상적 지위를 이용했고, 그들 자신의 의제를 지지하기 위해 루터의 유산을 선택했다.

특별히 독일의 영혼과 마음에 구체적인 표현을 부여하는 교회에 대한 관념은 새로운 것이 아니었고, 1930년경에는 점점 흔한 생각이 되어 버렸다. 나치당의 정치적 권력이 1930년대에 증대되었듯이,

독일 그리스도인들로 알려진 개신교회들과 가톨릭 교회들 가운데 열혈 지지자들이 증가했다. 독일 그리스도인들은 독일 국민의 우월성, 인종적 순수성의 필요, 공산주의자들, 유대인들, 그들의 신념을 공유하지 않은 사람들에 대한 강력한 반대와 아울러 같은 이념을 주장했던 초기의 교회 운동에 의해 고무되었다. 나아가 이러한 이념들은 보다 대중적이고 서민적인 문화의 영역에 제한되지 않고, 독일 대학들의 많은 지도자적인 지성인들에 의해 강력하게 선언되고 지지되었다. 이들 지성들 가운데 신학자인 프리드리히 고가르텐(Friedrich Gogarten)과 파울 알트하우스(Paul Althaus), 교회사가인 라인홀드 제베르그

(Reinhold Seeberg)와 엠마누엘 히르쉬(Emanuel Hirsch), 그리고 철학자 마틴 하이데거(Martin Heidegger)가 포함되어 있었다. '독일의 그리스도인들'(the German Christians)이라는 어용 교회가 1932년 6월에 공식적으로 조직되었고, 신문사를 세우고, 다른 공적인 행사들을 통해서 국가사회주의자들을 지지했다.

히틀러 입장에서는 가톨릭 교회와 개신교회가 독일 국민들의 삶에서 엄청나게 중요한 부분을 차지한다는 것을 알고 있었기 때문에, 교회들을 조심스럽게, 그러나 단호하게 다룰 필요가 있었다. 히틀러는 가톨릭 교회와 협약을 맺었지만, 개신교회들은 중앙적인 권위를 결여하고 있기 때문에 다루기가 보다 어렵다는 사실을 깨닫게 되었다. 이러한 개신교회의 문제점을 다루기 위해 히틀러는 개신교 제국교회의 형성을 제안하면서, 그 제반사항들을 감독하도록 루드비히 뮐러(Ludwig Müller)를 임명했다. 전국에 방송되는 라디오 연설을 통해 히틀러는 교회가 종교적 삶과 관련해서 '내적인 자유'를 보장하면서 동시에 국가를 지지해 줄 것을 요구했다. 그러나 나치의 교회 통제가 확실해지자마자, 나치는 교회를 국가사회주의의 이미지로 새롭게 만들기 위해 교회의 생활에 강제적으로 개입하기 시작하였다. 아마 이러한 개입의 가장 악명 높은 사례가 이른바 '아리안 조항'(the so-called Aryan paragraph)의 채택이었는데, 이 조항에 따르면 비(非)아리안 인종이나 비(非)아리안 인종과 결혼한 사람들은 교회에 고용될 수 없었다. 또한 교회에서 유대인 혈통을 지닌 모든 그리스도인들을 배제할 것을 요구하였다.

독일 그리스도인 운동의 등장과 교회의 생활에 대한 국가사회주의자들의 침해에 응답해서 자유롭고 고백적인 교회를 요구한 대항 운동이 등장했다. 마틴 니묄러(Martin Niemöller)가 '목회자 비상동맹'을 결성했는데, 이는 많은 교회 지도자들을 끌어들인 저항의 노력

이었다. 1932년, 히틀러가 전체적인 권력을 획득하기 직전에 나치가 알토나 거리로 나아가서 법과 질서의 이름으로 히틀러에 반대하는 사람들을 무자비하게 진압한 '피의 일요일'(Bloody Sunday)로 알려진 사건들에 대응해서 '알토나 선언문'(the Altona declaration)이 작성되었다. 이 선언문은 정부 당국이 시민사회의 선을 추구하고 증진할 임무를 무시할 때, 그리스도인들은 이러한 인간적인 정부 당국에게 복종하기보다는 하나님에게 복종해야 한다고 선언했다.

이에 여러 다른 저항운동들이 뒤따라 일어났다. 칼 바르트를 포함한 개혁교회 신학자들에 의해 기안된 '뒤셀도르프 테제'(the Düsseldorf Theses), 악명 높은 '아리안 조항'에 대항해서 디트리히 본회퍼에 의해 초안된 조항을 포함한 '베델 신앙고백서'(the Bethel

Confession), 나치에 의한 독일 개신교회 본부의 압류에 대항해서 나온 '비펠트 총회의 신앙고백서'(a Confession of Faith from the Synod of Biefeld) 등이 그 대표적 저항운동들이다.

칼 바르트는 히틀러와 나치에 직접적으로 반대했다. 바르트는 10월 30일 종교개혁 기념식에서 "결단으로서의 종교개혁"이라는 제목의 강연을 하기 위해 베를린으로 갔다. 그 강연은 사전에 광고가 되지 않았음에도 불구하고, 사람들이 바르트의 강연을 듣기 위해 홀을 가득 메웠다. 바르트는 "종교개혁이란 하나님의 통치를 절대적으로 인정한 결단으로 보아야 한다."고 주장했다. 다양한 시기에 가령 도덕, 문화, 이성, 경험, 그리고 전통과 같은 하나님에 대한 신앙과 신뢰에 대한 다른 대안들이 등장했다. 현재의 상황에서 대표적인 대안은 나치 국가이다. 이러한 대안들 가운데 어느 하나가 신앙과 하나님에 대한 절대적인 통치에 침입해 들어오게 하는 것은 종교개혁의 정신과 종교개혁의 근본적인 결단에 대한 불충이다.

이러한 종교개혁의 결단을 확고히 한 채 국가사회주의자들에게 아직 굴복하지 않은 사람들은 저항을 계속하는 길밖에 다른 길이 없었다. 바르트가 저항을 언급할 때 즉각적이고 우레와 같은 박수갈채가 몇 분 동안 터져 나왔다. 박수갈채 후에 강연이 재개되자 바르트는 오스트리아 군대에 대항한 오래된 스위스의 저항 이야기를 들려주었다. 스위스 군인들 중의 한 명이 고무시키면서 외쳤다. "적의 창들을 깨부수자. 그것들은 속이 텅 빈 것이다!" 바르트는 계속해서 말했다. "하나님의 통치에 비추어 볼 때 국가사회주의자들의 창과 위협들은 텅 비어 있다." 베를린에서의 바르트의 각성적인 강연에 담긴 이 이야기는 '고백교회'의 표어가 되었다.[6)]

바르멘 선언문

　　이러한 사건들의 맥락에서 고백교회는 예수 그리스도의 복음에 대한 공동의 신앙을 재천명하고, 나아가 이 신앙이 히틀러와 독일 교회에 대한 국가사회주의자들의 의제의 강요에 대한 그들의 저항을 요구한다는 것을 선언하기 위해 바르멘에서 독일 교회들의 전국 총회를 개최할 것을 요청했다. 바르멘 총회를 준비하면서, 고백교회 지도자들은 총회의 신학 테제들을 작성하기 위해 신학 위원들을 임명했다. 5월 16일에 바르트는 개혁교회를 대표하여 프랑크푸르트의 한 호텔에서 루터 교회를 대표하는 두 신학자를 만나 "바르멘 신학선언"으로 알려지게 된 것을 기초했다. 바르트는 이 당시 상황을 나중에 회상하면서 이렇게 기술하였다. "루터교는 잠잤고, 개혁교회는 깨어 있었다." 이 말은 루터교의 두 신학자는 긴 낮잠을 잤지만, 바르트는 "쎈 커피의 도움을 받아" 여섯 개의 선언문을 수정해서 저녁에 선언문을 완성했다는 뜻이다. 그의 저작권과 관련해 바르트는 겸손하게 말했다. "뽐내고 싶지 않지만, 그것은 사실상 내가 작성한 선언문이다."[7]

　　1934년 5월 29일부터 31일까지 독일 전역에서 모인 대표들이 독일 개신교회의 첫 고백 총회에 참여했다. 바르트가 선언문의 주요 작성자는 아니었지만, 선언문이 5월 31일 승인되기까지 바르트는 신학위원회의 일원으로, 공식적으로 말하기보다는 무대 뒤에서 임무를 수행했다. 선언문의 핵심은 2부에서 진술된 여섯 테제들에서 나타난다. 각각의 테제는 교회의 고백들 또는 선언들이 어떤 특수한 상황에서 성경의 해명과 적용으로 이해되어야 한다는 원칙을 증거하기 위해 성경에서 인용한 구절을 한두 개씩 담고 있다. 게다가 복음에서 하나님의 "예"는 기독교 신앙과 삶에 반대되는 믿음과 실천에 대한 필수적인 "아니오"를 수반한다는 점을 인정하기 위해 선언문에 나오는 각각의 긍정문들 뒤에 그에 상응하는 부정문들이 뒤따른다.

첫 테제는 그 단도직입적인 긍정과 함께 선언문 전체의 논조를 결정한다. "성경에서 증거하는 예수 그리스도는 우리가 들어야 하고, 우리가 살거나 죽거나 신뢰하고 순종해야 하는 하나님의 한 말씀이다." 부정과 관련해서도 특별히 나치 정권에 대한 비판이 두 군데 언급되어 있다. "우리는 교회가 [그] 사역과 동떨어진 채 다스릴 권세를 구비한 특별한 정치 지도자들[Führer]을 세울 수 있다는 거짓된 가르침을 부정한다." 그리고 "우리는 국가가 그 특수한 책임을 확대해서 인간의 삶의 유일하고 전체 질서가 될 수 있고, 또 되어야 한다는 거짓된 가르침을 부정한다." 아울러 "우리는 교회가 그 특수한 책임을 확대해서 국가의 특성, 기능과 위엄을 취하여 그 자체가 국가의 기관이

될 수 있고, 또 되어야 한다는 거짓된 가르침을 부정한다."⁸⁾

바르멘 선언과 히틀러와 나치 정권에 대한 그 입장의 중요성을 이해하기 위해서 나치 정권을 반대하는 것이 1934년 독일 국민들 사이에서는 인기 있는 일이 아니었다는 사실을 기억하는 것이 중요하다. 많은 사람들이 나치에 대한 반대를 비애국적인 또는 반역적인 어떤 것으로 간주했다. 따라서 역사의 관점에서 그렇게 명백하고 용기 있어 보이는 것이 당시 독일의 국민여론에서 볼 때는 거의 자명하지 않은 것이었다.

그러나 바르멘 선언의 모든 강점에도 불구하고, 바르트가 나중에 실패로 묘사한 한 가지 사항이 있었다. 그는 자신이 기초한 바르멘 선언의 초안에서 유대인 문제를 결정적인 특징으로 만들지 못했음을 못내 아쉬워했다. 바르트는 나중에 그와 관련해서 이렇게 언급했다. "물론 당시 분위기를 감안해 볼 때, 1934년에 내가 작성했던 그 어떤 문서도 고백교회에서조차 받아들여지지 못했을 것이다. 그러나 그것이 적어도 투쟁의 움직임을 통해 수행되지 못한 내 실수를 용서해 주는 것은 아니다."⁹⁾

국가사회주의에 대한 바르트의 반대, 바르멘 선언문을 작성하는 데 그가 수행한 중요한 역할, 그리고 유대인 문제에 대한 그의 입장은 이러했다. "만일 사람들이 유대인에 대한 박해와 추방에 대항해서 구체적으로 설교하지 않았다면, 그들이 그 외의 무엇을 설교했다 하더라도 복음을 설교하지 않은 것이다." 이는 1934년 11월 7일, 아돌프 히틀러에 대한 무조건적인 충성서약에 대한 서면요구를 거절하게 만들었다. 히틀러는 수상직과 대통령직을 통합하여 자신에게 이양한 후, 서면 서약을 요구했다. 이 소식을 들었을 때 바르트는 미리 규정된 형식으로 서약할 수 없다는 사실을 깨달았다. 대학 총장이 서약할 것

을 요구했지만, 바르트는 적절한 관리들에게 넘길 것을 제안했다. "나는 공적인 서약을 거절하지는 않았다. 오히려 나는 오직 개신교 그리스도인으로서 내 책임의 범위 안에서 총통에게 서약할 수 있다는 취지로 부가조항을 명문화했다."10)

바르트의 제안은 즉석에서 거절되었고, 결국 11월 26일 본 대학에서의 교수직을 박탈당했다. 1935년 6월 22일 바르트는 베를린에 소재한 문화부 장관에 의해 그의 교수직에서 공식적으로 파면되었다. 본에서 그의 해직에 대한 공식적인 선언이 있은 지 3일도 되지 않아 바르트는 스위스 바젤 대학의 신학 교수직을 제의받았다. 바르트는 이를 즉시 받아들였고, 이로써 독일에서의 교수생활이 종결되었다.

CHAPTER SIX

교회교의학

1935년 7월에 칼 바르트와 그의 가족은 그가 태어난 도시인 바젤에 도착했다. 바르트는 바젤 대학의 신학 교수로 취임해서 1962년 은퇴할 때까지 교수직을 유지했다. 이 기간 동안 바르트는 유럽에서 지도적인 개신교 신학자라는 인식을 확실히 하면서 많은 친구들과 중요한 사상가들과 대화와 논의로 가득 찬, 헤아릴 수 없는 값진 삶을 살았다. 학생들이 그의 강의와 세미나에 참석하였고, 그의 후견을 받고자 전 세계 곳곳에서 몰려들었다.

독일에서 가르쳤던 시간이 바르트 자신의 신학에 대해 고유한

• 113

목소리를 발견하는 시간이었다면, 바젤에서 가르친 시간은 지속적으로 그의 사상을 연마하고 성숙시키는 과정의 시간이었다. 바르트는 바젤에서 가르치는 동안 많은 책들을 출판했는데, 그 가운데 가장 중요하고도 오랜 시간에 걸쳐서 집필된 책이 전체 네 권으로 이루어진 「교회교의학」이다. 이번 장에서는 이 기념비적인 저작에 나타난 주요한 생각과 주제들을 요약적으로 제시할 것이다. 그 어떤 간결하고도 기본적인 요약도 이와 같이 방대한 범위와 고도의 복잡성을 지닌 저작을 적절하게 다룰 수 없을 것이다. 따라서 우리가 하려고 하는 것은 그저 「교회교의학」을 실제 읽는 데 흥미를 북돋아주고, 잠재적인 독자들이 읽기 시작하도록 도움을 주기 위한 지극히 기본적인 안내를 제공하는 것이다.

이해를 추구하는 신앙

「교회교의학」에서 바르트는 그 시대의 가정들(assumptions)에 따라 이해되지 않는 형식의 신학적 담론을 전개했다. 이러한 전개를 이해하기 위해 '교회'교의학으로서의 계획에 대한 바르트의 생각의 중요성을 조금 더 살펴보는 것이 도움이 될 것이다. 간단히 말해서, 바르트의 관점에서 교의학은 교회로부터, 교회에, 그리고 교회를 위해 가장 적절하게 쓰여져야만 하는 것이었다.

이러한 의미에서 바르트의 저작은 기독교의 믿음의 가능성을 비판적으로 확실하게 하고, 방어하는 과제에 부단히 관심을 보이는 근대 신학의 표준적인 변증적 접근과 상당히 다르다. 변증적인 혹은 정초주의(定礎主義)적인 접근과 대조적으로 바르트의 관심은 신앙 또는 교회의 가능성에 있지 않고, 오히려 기독교회의 관점에서 신학을 기술하는 데 있다. 달리 말하면, 기독교의 믿음에 대한 타당성과 진리를 논증하거나 증명하는 데 정력을 쏟는 대신, 그것을 당연한 것으로 전제하면서 단지 기술하려고 한다. 따라서 바르트는 근대 신학이 오랫동안 견지해 온 가정들에 도전했다. 그 가정들에 따르면, 기독교 신앙의 합리성은 의심스럽거나 또는 견지될 수 없기 때문에 그 기본적인 개념들을 역사 혹은 철학과 같은 다른 분야로부터 도출해 낼 필요가 있었다.

바르트의 관점에서 신학은 유일하게 가능한 기초를 이루는 예수 그리스도 안에 나타난 하나님의 자기 계시에 전적으로 의존한다는 사실을 깨닫게 될 때만이 그 본질적인 온전함을 회복할 수 있다. 계시에 대한 의존은 우리가 합리성의 실재와 본성이 어떠한지를 미리 알고 나서, 이 결정된 기준들에 의해 계시와 기독교 신앙을 평가한다고 가정할 수 없음을 의미한다. 대신 우리는 예수 그리스도에 대한 신앙을 가지고 시작해야 하고, 그런 다음 그 신앙의 내적인 합리성과 이해 가능성을 설명하려고 해야 한다. 간단히 말해서 먼저 믿고, 그 다음 우리가 믿는 바를 이해하려고 해야 한다. 이해를 추구하는 신앙으로 알려진 이러한 접근이 근대 신학에서는 거의 등한시된 반면에 고전 기독교 전통에서는 인상적인 가계도(pedigree)를 지니고 있었다. 바르트 자신의 저작은 그의 학문적 활동을 통해 이러한 방향으로 꾸준히 움직여 갔다. 그러나 바르트는 일찍이 본 대학 재직시절 중세 신학자인 안셀름(Anselm)에 대한 자신의 연구가 이러한 이해를 추구하는 신앙의 접근을 마음에 확고히 하는 데 특별히 중요한 것으로 간주했다. 바르트가 안셀름에게서 발견한 것은 하나님에 대한 교회의 고백으로부터(from) 신학적 이해로(to) 나아가는 신학이었다.

안셀름의 하나님 이해에 관한 책에서 바르트는 안셀름이 다양한 해석 방법들을 통해 하나님과 기독교 신앙을 보다 더 설득력 있게

하려고 하지 않을 뿐더러 하나님에 대한 이해를 신앙을 위한 필요조건으로 삼지도 않는다는 점을 발견한다. 그 대신 안셀름은 하나님의 존재와 위엄에 대한 어떤 것을 이해하기 위해 필요한 지혜를 구하고자 참을성 있게 기도한다. 이 모델에 따르면 우리는 하나님에 대한 진리를 우리의 탐구 이전에 미리 소유한다거나 또는 우리의 탐구와 담론이 하나님을 이해하려고 하는 과제에 적합할 것이라고 가정하지 않는다. 사실상 우리는 그렇지 않다는 것을 알지만, 우리가 추구하고 탐구하는 행위에서 우리의 유한한 언어들과 제한된 이해를 통해 하나님이 알려지기를 기도한다.

바르트의 안셀름 연구[1]는 「교회교의학」을 형성하는 신학의 방법에 대해 특별히 유익한 설명을 제공한다. 사실상 안셀름에 대한 책은 「교회교의학」과 함께 읽으면 유익한데, 그것은 「교회교의학」이 이루고자 하는 것이 무엇인지에 대한 형식적인 진술을 담고 있다. 이러한 접근은 보다 교의학적인 방법을 함축하는데, 이 방법을 통해 신학적 성찰과 탐구를 위한 기초가 기독교 공동체의 삶과 신앙 속에서 발견될 수 있다. 이것은 바르트에게 있어서 신학 혹은 교의학의 작업이 성경에 대한 지속적이고 조심스럽고 주의 깊은 청취에 기초하여 기독교 신앙과 증거와 그것들의 믿음과 실천을 위한 함축들에 대한 지속적인 긴 시간의 씨름 형태를 취한다는 것을 의미한다. 달리 말해 바르트의 설명에 따르면, 신학은 그 다양한 문화적 배경 속에서 기독교 전통과의 대화를 통한 성서적인 논리적 설명(reasoning)이다. 그러나 이것은 바르트가 변증법적 신학자이기를 그만두었다거나 단지 변증법적 신학에 대한 그의 생각과 해명이 교회 안에서 그 출발점을 찾았다는 것을 의미하는 것으로 이해해서는 안 된다. 성경 주석에서 그의 긴 시간 강도 높은 연구와 기독교 고전에 대한 점증하는 지식과 함께 수년에 걸쳐 이해를 추구하는 신앙의 방향으로 그의 사고가 진화함에 따라, 바르트는 신학의 가능성을 확립하기 위해 기독교 신앙 바깥에서 신학 외적인 출발점을 분명히 하기 위한 과제에 대해 염려하지 않고, 교회의 관점에서 고백적으로 쓰고 생각할 자유를 발견했다. 바르트는 「교회교의학」에서 이러한 자유의 출현을 자신이 직접 관찰하고 있다. "나는 모든 것을 전에 하던 것보다 훨씬 더 분명하게, 모호하지 않게, 단순하게, 그리고 더욱 더 고백의 방식으로, 그리고 동시에 훨씬 더 자유롭게, 열려진 자세로, 그리고 포괄적으로 말할 수 있다."[2]

「교회교의학」의 구체적인 모양

바르트는 원래 그의 「교회교의학」을 다섯 권으로 전개하려고 계획했다. 신앙의 주요한 교리들인 계시 혹은 하나님의 말씀, 하나님,

창조, 화해, 그리고 구속에 각각 한 권씩을 배당했으나 바르트의 긴 설명으로 인해 각 권은 여러 권으로 늘어나게 되었다. Ⅰ권은 하나님의 말씀에 대한 가르침으로 두 권(Ⅰ/1-2)으로 구성되었고, Ⅱ권은 하나님에 대한 가르침으로 역시 두 권(Ⅱ/1-2)으로 구성되었고, Ⅲ권은 창조에 대한 가르침을 다루며 네 권(Ⅲ/1-4)으로 이루어져 있다. 마지막으로 Ⅳ권은 화해에 대한 가르침으로 세 번째 권이 반으로 나뉘고, 네 번째 권이 단편으로 이루어져서 전체 네 권(Ⅳ/1-4)으로 구성되었다. 바르트는 구속에 관한 다섯째 권을 쓸 때까지 살지 못했을 뿐 아니라 화해론을 다루는 마지막 권조차 완성할 수 없었다. 전체로 「교회교의학」은 열세 권으로 이루어져 있는데, 영어 번역으로는 거의 8천여 쪽에 가까운 양이다.

각 권은 예상하듯이 '장들'로 나누어져 있을 뿐 아니라 '절들'(paragraphs)로 이루어져 있다. 그러나 이 절들은 우리가 보다 큰 본문 구성의 문맥 속에서 상대적으로 작은 부분을 기술하기 위해 단어를 사용할 때 통상 의미하는 바와 다르다. 「교회교의학」에서 절은 하나의 특수한 주제를 설명하는 그 자체로 완결된 구조를 지닌 단락(self-contained section)을 가리킨다. 이러한 단락들은 매우 다양한 길이를 지니고 있고, 또 때로는 상당히 짧아 대략 50쪽 정도로 이루어져 있지만, 상당히 상세하게 전개될 수 있다. 절들은 논의의 주요한 흐름을 따르기 위해 특별히 중요한 장치이다. 바르트는 각각의 새로운 단락을 소개하는 논제를 제시한다. 나아가 절들은 하위 단락들로 나누인다. 따라서 「교회교의학」의 1장인 "교의학의 표준으로서의 하나님의 말씀"은 다섯 절과 열일곱 개의 하위 단락으로 나누인다. 전체적으로 「교회교의학」은 열여섯 장과 일흔세 절과 Ⅳ/4의 단편으로 구성되어 있다. 이러한 구분들과 그 구분들이 책의 전개에서 나타내는 전환들을 주의 깊게 주목해 보는 것이 그렇게 길고도 상세한 제시로 이루어진 전체적인 형태를 이해하고, 그 방향을 추적하는 데 상당히 도움이 될 것이다.

어떤 권이든지 「교회교의학」의 각 권을 열자마자 독자들이 즉시 마주하게 되는 흥미 있는 특징들 가운데 하나는 작게는 몇 줄부터 많게는 50쪽에 달하는 작은 글씨체의 단락들이 나타나는 것이다. 이 단락들은 부록으로 알려져 있는데, 비록 결코 중요하지 않은 것이 아님에도 불구하고, 주요 주장을 보완해 주고 있다. 그것들은 때때로 각주로 기능하면서 인용문들에 대한 정보를 제공하거나 또는 바르트의 일반적인 설명이나 특수한 주장에 대한 짧은 논평을 제공한다. 그것들은 또한 바르트가 상세한 성경 주석을 수행하고, 교회사에 등장하는 다른 사상가들과 신학자들과 대화하는 자리이기도 하다.

이 단락들은 그 자체로 풍부한 자료이고, 바르트와 '함께 생각할' 기회를 제공해 주며, 그의 주장의 형성과 확장에서 그 사고를 조성한 구체적인 본문들, 사상가들과 발전들에 대한 상세한 분석을 포함하고 있다. 만일 바르트의 사유의 흐름을 놓치고 싶지 않다면, 이 단락들을 처음 읽는 독자들은 이 부록을 읽지 않고 넘어가도 된다. 주요 본문들이 바르트의 주장의 전개에 있어서 가장 중요한 모든 움직임들을 포함하고 있기 때문이다. 다른 한편, 작은 글씨체는 또한 「교회교의학」에서 가장 흥미 있는 어떤 내용들을 포함하고 있어서 많은 경우에 본문과 연계해서, 그리고 그 자체로 매우 유익하게 읽혀질 수 있다.

작은 글씨체로 되어 있는 부록들의 주석적이고 역사적인 내용은 바르트 신학의 주요한 원천이 무엇인지를 상기시켜 주는 역할을 한다. 바르트는 일차적으로 성경에 호소하고, 그리고 부차적으로 고

전 기독교 전통의 본문들과 사상가들에게 호소한다. 교회의 신학자로서, 성경 해석 혹은 성경에 대한 주석 작업은 신학을 하는 데 있어서 바르트에게 대단히 중요하다. 왜냐하면 바르트가 믿기에 성경은 예수 그리스도의 복음을 세상 속에 공표하고 알리는 주요한 수단이기 때문이다. 주석은 그리스도의 영이 교회에 말하려고 하는 것을 듣고자 하는 시도로서, 신학은 그것과 상관없이 그 소임을 수행하는 것을 시작조차 할 수 없다. 그러므로 독일에서 떠나기 전, 본 대학 학생들에게 해 준 신학에 대한 바르트의 마지막 충고는 "주석, 주석, 또 주석"이었다. 그러나 성경에 대한 이러한 강조가 많은 보수주의 신학자들의 따분한 성서주의와 같은 어떤 것으로 간주되어서는 안 된다. 바르트가 보기에 성경에 대한 보수주의 신학자들의 그러한 생각은 성경이 증언하는 주제(the subject)의 본성, 즉 예수 그리스도 안에서 계시된 살아계신 하나님을 나타내는 데 부적합하다.

신학의 주제로서 하나님의 본성을 고려해 볼 때, 바르트는 신학이 공중에 나는 새의 길을 따르고 좇으려고 하는 시도에서 언제나 처음부터 시작해야 한다고 주장한다. 이것은 우리가 성경 주석의 과제로 거듭 돌아가야 한다는 것을 의미한다. 그러나 이러한 주석 작업은 교회의 과거 증언과 단절된 채 이루어지지 않는다. 성경에서 하나님의 말씀을 들으려고 했던 과거의 증언인 교회의 신학적 전통에 마땅한 주의를 기울여야 한다. 실제로 바르트에게 있어서 교의학을 '교회' 교의학으로 생각하는 것은 이런 의미이다. "과거의 신학, 즉 고전적인 신학이든 덜 고전적인 신학이든 모두 부분적인 역할을 하기 때문에 마땅히 경청해야 한다. 그것은 교회의 맥락 속에서 우리와 함께 자리를 점하고 있는 만큼 확실히 경청을 요구한다. 교회는 빈 공간 안에 거하는 것이 아니다."

그러므로 처음부터 시작하는 것은 "제 힘으로 시작하는 문제일 수 없다. 우리는 그리스도 안에서 함께 모인 죄인들을 위한, 그리고 그들 중에 서로 참고 묻고 책임을 감당하는 성도들의 교제를 기억해야 한다. 신학과 관련해서도, 우리는 교회 안에서 현재의 신학을 위해 많은 책임을 감당해야 하는 만큼 과거의 신학을 위해서도 많은 책임을 감당해야 한다."[3] 간단히 말해서, 신학은 우리 신앙의 선진들이 행했던 과거의 주석 작업을 해명해야 한다. 동시에 우리는 주제의 성격과 신학적 성찰과 탐구가 이루어지는 계속적으로 변화하는 상황들의 의미를 명심해야 한다. 즉, 그 의미는 신학자들이 과거 신학적 공식들의 결과를 단순히 무비판적으로 입증하고 소통하는 데 결코 만족할 수 없다는 것이다.

신학적 성찰과 연구는 항상 새롭게 갱신되어야 한다. 성경과 전통의 증거에 의존하면서, 바르트는 교의학의 과제를 다음과 같이 기술한다 : "교의학은 교회가 매 시기마다 지식의 상태에 부합하여 그 선포의 내용을 비판적으로, 즉 성경의 표준에 의해, 그리고 그 고백들의 인도를 받아 설명하는 학문이다".[4] 그 취지는 동일한 것을 다른 방식으로 말함으로써, 항상 시작과 모든 시점에서 다양한 각도와 관점으로부터 거듭 다시 시작하면서, 기독교 고백의 총체성인 분에 초점을 맞추려고 함으로써 예수 그리스도 안에 계시된 살아 계신 하나님을 증거하는 것이다. 이러한 접근은 바르트가 「교회교의학」에서 어떤 체계도 제공하지 않고, 그 대신 계속해서 기독교 신앙의 초점과 토대를 증거하려 한다는 것을 뜻한다.

기독교 신앙의 초점과 토대의 살아 있는 현존은 교의학의 다음과 같은 성격을 규정한다. 즉 교의학의 저작과 실천에서 "그 어떤 포괄적인 견해들, 그 어떤 최종적 결론과 결과들은 존재하지 않는다. 오직 교의학의 활동에서 일어나고, 엄격하게 말해 모든 지(시)점에서 언제나 처음부터 끊임없이 다시 시작해야 하는 연구와 가르침만이 있을 뿐이다. 이러한 문제에서 수행되는 가장 최상의 중요한 것은 거듭 우리가 그 모든 것의 중심과 토대를 되돌아보는 방향을 취해야 한다는 것이다."[5]

「교회교의학」에 대한 해석

「교회교의학」은 1932년에 그 첫 권이 나오고, 바르트가 은퇴하고 난 후인 1960년대 중순에 마지막 단편이 나오기까지 무려 30년이 넘는 긴 시간에 걸쳐서 쓰여지고 출판된 대작이다. 이 책의 엄청난 부피는 어떤 단선적이고 체계적인 제시를 거부하는 변증법적 스타일과 수사학적 복잡성과 결합되어 「교회교의학」에 대한 해석을 간결한 요약으로 제시할 수 없게 만드는 도전적 작업이 되게 한다. 해석가들은 종종 그 구조가 음악 작품의 구성과 유사하다는 점을 주목한다.

주제의 도입 후에 다양한 각도와 맥락으로부터 탐구되는 다양한 주제들에 대한 일련의 상세한 설명과 재현을 통한 전개와 확장이 뒤따른다. 바르트의 신학 방법의 함축들 가운데 하나는 주장의 어떤 단일한 국면도 최종적이지 않고, 오직 전체가 그 전달하고자 하는 바의 본질적 내용을 전달한다는 것이다. 결과는 "주어진 주제에 대한 바르트의 견해가 (그 진술이 바르트 자신의 것일지라도) 단일한 진술로 이해될 수 없고, 단지 한 주제에 대한 일정 범위의 설명들의 상호 작용 속에서 이해될 수 있다."[6]는 것이다. 달리 말하면, 특별히 그의 저작 전체의 형태와 스타일에 주의를 기울이지 않으면 바르트를 잘못 읽기가 쉽다는 것이다.

「교회교의학」을 읽을 특별한 도전으로 독자들을 초대하는 데 도움을 주려고, 잘 알려진 바르트 해석자인 헌싱어(George Hunsinger)는 「칼 바르트를 읽는 법」(*How to Read Karl Barth*)[7]에서 바르트를 읽는 데 유익한 접근법을 제시한다. 이 책은 바르트의 신학을 그의 사유에서 해석적인 열쇠로 기능하는 '단일한 결정적인 개념'에 의해 그의 신학을 해명하기보다는 '양태 인식'(pattern recognition)에 초점을 맞추어 바르트를 설명하고 분석하려는 점에서 이전의 시도들과 다르다. 헌싱어의 목표는 바르트의 독자들을 도와 그들로 하여금 보다 효과적으로 「교회교의학」의 논제를 분별할 수 있게 하는 '일련의 기술들'을 개발하는 것이다. 헌싱어가 보기에 바르트의 신학은 「교회교의학」의 논제를 섞어 짜고 있는 서너 가지의 "변증법적이고 종종 반직관적인" 양태들 혹은 주지들(motifs)의 반복적인 등장을 보여 준다. 이 양태들은 바르트의 독자들에게 종종 알기 어렵고 이상한 것으로 경험될 수도 있지만, 헌싱어는 그것들이 「교회교의학」을 읽는 데 "명백하고도 특징적인 설명을 충분히 제공해 줄 수 있을" 뿐 아니라 "적절한 식별의 범주들로 기능할 수 있다."고 주장한다. 이 주지들이 다양한 맥락의 결합과 함께 등장하기 때문에, 그것들을 인식하고 통달한 독자들은 「교회교의학」의 도처에서 나오는 바르트 논제의 뉘앙스를 더 잘 파악할 수 있고, 그의 신학적 특징을 보다 온전히 이해할 수 있는 입장에 서게 될 것이다.[8] 헌싱어가 제시한 여섯 가지의 주지는 현실주의(actualism), 특수주의(particularism), 객관주의(objectivism), 인격주의(personalism), 실재주의(realism), 그리고 합리주의(rationalism)이다. 이 여섯 가지 주지들과 관련해서 헌싱어의 저작을 간단히 요약해 보자.

'현실주의'는 발생(occurrence, happening), 사건, 역사, 결단, 그리고 행위와 같은 단어에 대한 바르트의 계속적인 사용을 설명해 준다. 그것은 바르트가 존재(being)와 실체, 혹은 본질(substance)보다 주로 행위와 관계의 방식으로 생각한다는 것을 의미한다. 바르트에게 있어서, 하나님의 존재는 항상 행위 안에 있는 존재(a being-in-act)로 이해되어야 하는데, 이는 하나님은 하나님의 행위들과 지속적인 행위적 관계와 동떨어진 채 기술될 수 없다는 것을 의미한다.

동일한 방식으로 인간의 하나님에 대한 관계는 오직 행위적인 역사적 방식으로 이해되어야 한다. 하나님과의 관계들은 단 한 번 소유될 수 있는 어떤 것이 아니라, 오히려 지속적인 은혜의 역사(役事)에 의해 계속적으로 세워져야 한다.

바르트의 현실주의는 하나님과 인간을 정적인 범주들로 이해하려는 모든 시도들을 애초에 차단한다. 그러므로 성경, 교회, 신앙, 그리고 하나님과의 관계에서 모든 다른 피조적 실재들의 개념들은 오직 하나님의 자유로운 행위 안에서만 그 가능성뿐 아니라 존재를 지니는 사건들로 간주되어야 한다.

'특수주의'는 일반적인 것으로부터 특수한 것으로 나아가기보

다 특수한 것으로부터 일반적인 것으로 나아가는 바르트의 일관적인 움직임을 가리킨다. 예수 그리스도 안에서 하나님의 계시가 전적으로 독특한 종류이기 때문에 이러한 접근이 요구된다. 그 자체로, 다른 근원들과 맥락들로부터 파생된 어떤 일반성도 이러한 특수하고 독특한 사건에 비추어, 주의 깊고 비판적인 재정의(再定義) 없이는 신학에 적절하게 적용될 수 없을 것이다. 신학의 신적인 주제는 전통적인 담론의 근본적인 변경을 요구하고, 아울러 신학에 사용된 모든 개념들은 오직 예수 그리스도의 특수한 실재의 토대 위에서만 전개되고 정의되어야 한다. 이것은 그의 신학적 입장을 엄격하게 성경의 증언의 특수한 내용들로부터 취하고, 신비에 대한 고차원적인 포용에 힘을 기울이려는 바르트의 의도를 반영해 준다.

'객관주의'는 바르트의 사상에서 두 가지 중요한 측면을 지닌다. 첫째, 신앙에 의해 고백된 하나님에 대한 지식은 그 기초가 하나님에게 있고, 인간의 주관성에 있지 않다는 점에서 객관적이다. 근대 개신교 신학의 주관적이고 인간학적인 접근과 대조적으로, 바르트는 하나님의 정체성은 그리스도 안에 나타난 하나님의 자기 계시의 객관적인 행위에서 드러난다고 주장한다. 게다가 객관주의는 또한 그리스도 안에서 하나님의 행위가 인간들의 긍정적인 혹은 부정적인 인정과 수용과 상관없이 실재적이고, 타당하며, 효과적이라는 것을 의미한다.

'인격주의'는 계시와 구원에서 하나님의 객관적인 자기 현현이 인간들에게 인격적 형식으로 올 뿐 아니라 인간들이 하나님에게 인격자들(persons)로서 응답한다는 점을 가리킨다. 바르트가 인간의 하나님에 대한 관계가 기계적이고 비인격적인 것으로 나타날 수 있게 만드는 초연하고도 학문적인 형식의 신학을 전개하지 않고 객관주의를 견지할 수 있게 하는 것은 바로 이러한 인격주의 때문이다. 객관주의 주지가 하나님과 인간 사이의 인격적 만남을 위한 맥락을 조성한다. 아울러 객관주의 주지는 하나님에 대한 관계의 가능성이 인간 본성의 구조가 아니라 오직 예수 그리스도에 의해 매개된 하나님의 자유로운 은혜에 뿌리를 두고 있음을 주장함으로써 인격주의의 외적인 기초를 제공한다. 인격주의는 객관주의가 세우고 수반하는 목표로서 객관주의의 내적인 기초를 제공한다. 예수 그리스도의 객관적이고 매개적인 사역을 통해 인간들이 하나님을 인격적으로 만난다.

'실재주의'는 바르트의 인간 언어에 대한 생각을 하나님에 대한 유비적 지시의 수레로 특성화하기 위해 사용된다. 본래 인간 언어는 근본적으로 다르고, 또 하나님에 대해 말할 과제를 수행하는 데 불충분하다. 그러나 은혜에 의해 하나님은 인간의 언어가 그 자체를 초월해서 하나님에 대한 언설을 가능하게 하도록 충분한 유사성에 이르게 한다. 따라서 바르트에게 있어서 신학적 언어는 '유비'(類比, analogy)의 방식으로 하나님을 지시한다. 그러므로 바르트는 한편으로는 인간의 언어가 하나님을 지시할 수 없고, 그 결과 신학의 신적인 주제의 고유한 신비와 타자성을 존중하게 된다는 점과 다른 한편으로는 인간들로 하여금 진정으로 유익한 방식으로 하나님에 대하여 말할 수 있게 해 주는 신적인 자기 계시의 기적에 의해 하나님에 대한 진정하고도 적절한 지시 사건이 가능함을 동시에 주장한다. 이러한 실재주의는 또한 바르트의 '신앙의 유비론'으로 묘사될 수 있다.

'합리주의'는 '교리의 구축'(construction)과 평가에 해당하는 주지이다. 그것은 신학과 신학의 언어가 개념적인 정교화(elaboration)에 종속되는 중요한 합리적 혹은 인지적 구성 요소를 지닌 것으로 이해된다. 이러한 개념적인 정교화는 성경 주석과 결합되어 바로 신학적 과제의 중심에 놓인다. 따라서 교리들은 성경의 개념적 함축들과 통일성을 이해하기 위한 수단으로서의 성경 증언의 기본적 내용을 넘어서 설명될 수 있다. 그러나 그 주제의 독특한 본성 때문에, 바르트 신학에 특수한 합리주의는 신앙에 외적이기보다는 내적이고, 오직 계시의 한계 안에 있는 이성과 같은 어떤 것으로 묘사될 수 있다. 헌싱어는 바르트의 신학적 합리주의를 두 가지의 주장을 가지고 요약한다. '신앙 없는 그 어떤 지식'도 신학의 과제를 수행하는 데 있어서 오직 이성(reason alone)에 대한 의존이라는 생각을 배제하지 않는 반면에, '지식 없는 어떠한 신앙'도 기독교 신앙이 본래적으로 합리적이라고 주장하지 않는다.

헌싱어의 접근이 가진 중요성은 그것이 바르트 저작의 진정한 변증법적 성격을 보존하고, 다른 많은 해석들이 범하는 무미건조한 체계화의 경향을 피한다는 것이다. 이러한 해석들은 바르트 저작의 전체적인 모습을 왜곡하면서 그의 사유의 어떤 특수한 면을 강조하는 경향이 있다. 바르트 사상의 변증법적 성격은 여러 다양한 계기에서 좌절감을 느낄 정도로 바르트를 복잡하고 애매하며, 심지어 모순적으

로 보이게 한다. 실제로 헌싱어는 주장하기를, 그 어떤 것도 '비변증법적인 상상'[9)]보다 바르트의 독자들을 더 헤매게 만드는 것은 없을 것 같다고 한다. 헌싱어 책의 커다란 강점은 바르트 신학의 변증법적 양태들을 적어도 바르트의 특수한 제시의 한계 내에서 이해 가능하고, 논리적인 방식으로 해명해 주는 능력에 있다.

    이러한 양태들의 확인이 바르트를 해석하고 이해하는 데 있어서 도움이 되는 만큼, 독자들은 그것이 본래 바르트의 신학을 구성하고 있는 것이 아니라는 점을 주목해야 한다. 오히려 그것들은 바르트의 신학을 더 잘 이해할 수 있게 하는 수단이다. 그것들이 구체적인 신학적 결정들을 포함하고 있는 것은 틀림없지만, 그러나 어떤 구체적인 점에서 바르트의 주장의 전개 과정과 결과를 예측하거나 결정하기 위해 사용될 수는 없다. "바르트가 조명하려고 한 것은 양태들이 아니라 주제였다. 그러므로 바르트는 그 주제에 의해, 그 저작이 평가받기를 원했다. 양태들이 주제를 조명하는 데 적절할 경우에만 바르트는 그 양태들에 관심을 가졌다. 주제 자체에 대한 관심에서 어떤 양태가 수정되거나 모순되거나 혹은 억제될 수도 있다."[10] 이제 「교회교의학」의 각 권의 내용에 대한 간결한 개관에 관심을 기울여 보자.

하나님의 말씀에 대한 가르침(CD I/1-2)

「교회교의학」 제1권은 바르트의 서론 혹은 신학을 해명하는 데 있어서 무엇을 먼저 말해야 하는가에 대한 그의 생각을 포함하고 있다. 그것은 신학이 무엇인지, 무엇을 이루고자 하는지, 그리고 그것이 하고자 하는 주장들을 어떻게 제시할 수 있는지에 대한 설명이다.

신학에서 '서론'이라는 장르는 근대 개신교에서 신학을 위해 토대가 되는 규칙들을 확정하기 위한 방식으로 등장했다. 이러한 종류의 자의식은 계몽주의 이후의 신학에서 나타난 상대적으로 새로운 발전이었다. 계몽주의는 신학의 지위와 신학의 담론이 실제 가능한지 아닌지에 대한 질문들을 제기했다. 그러므로 기독교 사상사를 통해 신학자들이 했듯이, 신학의 주제로 직접 들어가는 대신 근대 신학자들은 그들의 탐구를 타당하게 해 주는 방법에 대한 상세한 논의에 몰두했다. 이러한 접근이 지닌 문제는 신학이 서론에 빠져서 헤어 나오지 못하는 경향을 보인다는 점이다. 한 관찰자가 비꼬았듯이, 방법에 대

한 집착은 청중들에게 연설하기 전에 목을 푸는 것과 같다. 그것이 너무 오래 계속되면 청중을 잃어버릴 수도 있다.

바르트는 교의학의 구체적인 내용 속으로 곧장 들어간다. 바르트는 하나님의 말씀 자체에 의해 제공된 것과 다른 선포 혹은 신학적 성찰을 위한 기초는 존재하지 않는다고 주장한다. 하나님에 대한 논의를 가능하게 하는 인간의 조건들을 확립하려는 시도는 환상적인 것으로 보일 수 있는데, 그 이유는 그러한 인간의 조건들은 결코 가능하지 않기 때문이다. 하나님에 대한 논의가 가능한 것은 오직 계시 때문이고, 계시는 오직 하나님이 그것을 일으키려고 의지하기 때문에 가능하다. 하나님의 은혜와 자비를 통해 인간의 말과 언어가 하나님의 말씀을 증거하는 매개체가 된다. 앞에서 보았듯이, 이것은 오직 하나님의 은혜를 통해서만 가능한 것이다. 그러나 인간적으로 불가능한 것이 계시 [사건] 안에서 자신을 계시하는 하나님의 의지에 의해 가능하게 된다. 하나님은 말씀하시고, 성령의 역사(役事)를 통해 하나님에 의해 시행된 기적에 의해, 이 언어가 하나님의 은혜와 자비에 의해 생명을 얻고, 능력을 지니게 되는 인간들에 의해 현실적으로 들려지고 수용되어 하나님의 언약적 신실함의 행위로서 신앙과 순종의 삶을 살게 된다.

바르트는 이 점으로부터 시작할 수 있는데, 왜냐하면 그는 신학을 교회 안에 확고하게 위치시킴으로써 교회의 삶과 신앙을 초월하는 것으로 이해하려는 시도로부터 떠난다. "신학의 분야로서 교의학은 하나님에 대한 그 구별되는 논의의 내용과 관련된 기독교회의 학문적인 자기 심사이다."[11] 이러한 자기 심사와 비판적인 평가는 교회의 신앙과 고백에 부합하는 계시의 규범에 의해 수행된다. 그러므로 교의학은 "교의학이 측정하는 기준을 발견하거나 고안함으로써 시작할 필요가 없다. 교의학은 그 기준이 교회와 함께 주어진다는 것을 보고 인식한다. 예수 그리스도가 주어지듯이, 하나님이 계시 안에서 자신을 신앙에 주듯이, 그것은 그 자신의 특수한 방식으로 주어진다. 그러나 그것은 주어진다. 그것은 그 자체로 완전하다. 그것은 논의의 여지 없이 그 주장에 의해 확실히 성립한다. 그것은 참된 표준 또는 기준이 진지한 측정의 수단이 되어야 하는 확실성을 지닌다."[12] 이렇게 해서, 바르트는 교의학을 교회의 맥락에 설정하면서 오직 지속적인 기도를 통해 앞으로 나아가는 신앙의 행위로 본다. 지속적인 기도 없이는 "그 어떤 교의학적 작업도 있을 수 없다."[13] 자기 심사의 행위는 오직 교회와 그 구별되는 언어를 산출하는 신적인 소통의 행위 또는 계시에 대한 호소를 통해서만 행해질 수 있기 때문이다. 따라서 바르트는 「교회교의학」을 하나님 말씀의 가르침에 대한 신학적 탐구를 가지고 시작한다. 그는 넉 장에 걸쳐서 하나님의 말씀을 다룬다. 1장 "교의학의 표준으로서의 하나님의 말씀"(3-7절)에서 바르트는 세 겹의 하나님의 말씀에 대한 그의 생각을 펼쳐 보인다. 2장 "하나님의 계시"는 삼위일체 신학에 대한 광범위한 탐구와 논의로 이루어져 있는데, 세 부분으로 나누인다. 즉 삼위일체 하나님(8-12절), 말씀의 성육신(13-15절), 그리고 성령의 부으심(16-18절). 바르트는 하나님의 말씀론을 성경에 대한 절들(19-21절)과 교회의 선포(22-24절)를 가지고 끝맺는다.

아마 바르트의 신학과 하나님의 말씀에 대한 그의 강조에 대해 기억해야 할 가장 중요한 것은 그것이 하나님의 말씀이고, 우리의 말이 아니기 때문에 결코 우리가 직접적인(direct, straightforward) 방식으로 그것에 접근할 수 없다는 점이다. 그러므로 바르트의 관점에서 보면, 그것은 교회와 인간들이 하나님과 세계에 대해 안일한 결론 혹은 신적인 것에 대한 지식을 위해 참고가 될 일련의 명제적 진술들을 이끌어 낼 수 있는 신적인 진리의 계정으로 간주될 수 없다. 대신에 하나님의 말씀은 항상 하나님이 행하시는 '행위'(an act) 혹은 하나님이 말씀하셨고, 말씀하시고, 또 말씀하실 '사건'(an event)이다. 인간들로서 우리는 이러한 신적인 행위 혹은 사건을 성경과 교회 안에서 그 선포라는 인간의 수단을 통해 만나고 관계한다.

그러므로 하나님의 말씀의 사건은 세 가지 형식을 지니고 있다. 즉 계시 자체의 행위, 예언자들과 사도들의 언어로 된 계시의 증거와 증언, 그리고 기독교 공동체의 삶 속에서의 그 증거와 증언에 대한 설교와 선포. 이러한 사건을 이해하고 기술하려고 할 때, 우리는 하나님의 말씀의 소통과 수용에서 세 가지의 운동을 표상하는 세 개의 동심원적인 원들을 통한 점차적인 전개와 발전을 본다. 세 개의 동심원 가운데 가장 안에 놓인 원은 하나님이 말씀하시고 지으신 신적인 언어 행위(speech-act)로서 가장 순수한 형식의 하나님의 말씀이다. 그러나 이러한 하나님의 언어 행위 혹은 계시는 오직 성경과 교회의 선포에 담겨진 인간적이고 피조적인 언어 행위들을 통해 우리에게 표상되고, 표현될 수 있고, 접근될 수 있다. 이러한 인간의 언어 행위들은 그것들이 하나님의 자기 계시의 담지체와 증언으로 하나님에 의해 지정된다는 의미에서, 파생적으로 하나님의 말씀이 되도록 하나님에 의해 지정된다. 그러므로 하나님의 말씀은 바르트에 의해 계시된 말씀, 쓰여진 말씀, 그리고 설교된 혹은 선포된 말씀으로 기술된다.

하나님의 말씀에 대한 바르트의 논의에서 바르트가 하나님의 말씀의 신적인 소통뿐 아니라 인간의 수용을 함께 고찰하고 있음을 주목하는 것이 중요하다. 바르트는 인간의 계시의 수용과 관련해서 두 가지의 중요한 주장을 한다. 첫째, 바르트는 계시를 듣고 수용하는 사람들을 동시에 기억하지 않고는 계시 사건에 대해 생각할 수 없다는 점을 강조한다. 달리 말하면, 하나님의 말씀에 대한 우리의 논의의 부분인 필수적인 인간의 차원이 있다. 다른 한편, 바르트는 이러한 인간의 차원이 "자유로운 지위도 아니고, 하나님의 말씀의 사건과 독립된 인간 청취자에 의해 기여된 어떤 것도 아님"을 상기시킨다. 바르

트는 계속해서 다음과 같은 점을 상기시킨다. "오히려 계시 자체가 그 자신의 청중들을 창조하고, 그렇게 (오직 그렇게) 청중을 [계시사건을 묘사하는] 그림 속에 확고하게 위치시킨다. 그 이유는 하나님의 말씀의 유도성(誘導性), 즉 하나님이 존재하고 행위하고 말씀한다는 사실, 따라서 하나님에 대한 말은 필연적으로 인간의 말을 포함해야 한다는 사실 때문이다."[14]

"하나님이 말씀하신다."는 고백이 신학의 유일하게 적절한 출발점이라고 주장하면서, 바르트는 말씀하시는 하나님에 대한 탐구로 그의 관심을 돌린다. "누가 말씀했는가?" 바르트에 따르면, "누가 말씀하는가?"의 질문은 오직 성경에만 대답되어 있다. 성경은 두 가지의 중요한 질문에 대답한다. 즉 "하나님이 무엇을 말씀하시는가?"와 "하나님이 말씀하실 때 실제로 무엇이 일어나는가?" 이 세 가지의 질문(바르트에게 있어서 이 세 가지 질문은 분리될 수 없다.)에 함께 대답하면서, 교회는 하나님에 대한 그 고백을 증거한다.

> "하나님은 자신을 계시하신다. 하나님은 자신을 통해 자신을 계시하신다. 그는 자신을 계시하신다. 만일 우리가 계시를 그 주제의 방식으로 이해하고자 한다면, 계시자인 하나님은 계시 안에서 자신의 행위와 동일하고, 또한 그 결과와도 동일하다. 우리가 처음에는 단순히 지시한다는 이러한 사실로부터 우리는 삼위일체 하나님에 대한 가르침을 가지고 계시론을 시작해야 한다는 것을 배운다."[15]

바르트는 하나님은 삼위일체라는 교회의 고백을 계시의 바로 그 구조와 결합시키면서, 하나님의 삼위일체적 본성에 관한 교회의 고백에 대한 이유는 이것이 하나님이 우리에게 계시되는 방식이기 때문이라고 주장한다. 달리 말하면, 계시는 본래 삼위일체 구조를 지니고 있는데, 그 이유는 하나님이 삼위일체이기 때문이다.

하나님의 말씀을 말할 때 감추인, 말로 표현할 수 없는 하나님이 자신을 우리에게 계시하신다 ; 당신의 아들을 보내실 때 하나님은 계시 자체가 되신다 ; 그리고 당신의 영을 보내실 때, 하나님이 자신을 인간들에게 효과적으로 알려지게 하신다.

"하나님은 계시의 주체이고, 항상 주체로 남는다. 하나님은 계시 자체, 즉 하나님이 자신을 알고 자신을 피조물에게 알려지게 하는 '타자'이다. 그리고 하나님은 그의 계시의 역사적 유효성, 즉 이 사건에 의해 야기된 생생한 응답이다. 간단히 말해서 하나님은 아버지, 아들, 그리고 성령이고, 오직 세 인격이 함께하는 사건에서만 계시가 일어난다."[16]

하나님의 계시에 대한 논의를 개시하면서 바르트가 쓰듯이, "하나님의 말씀은 그의 계시 안에 있는 하나님 자신이다. 왜냐하면 하나님은 자신을 '주'(主)로 계시하시는데, 성경에 따르면 이것은 하나님 자신이 손상되지 않은 일치, 그러나 또한 손상되지 않은 구별 가운데 '계시자'(Revealer), '계시'(Revelation), 그리고 '계시됨'(Revealedness)이라는 계시 개념을 나타내기 때문이다."[17]

바르트의 계시론은 '간접적 동일성'(indirect identity)과 '감추임'(veiling)과 '드러남'(unveiling)의 변증법적 언어로 이해된다. 이것은 자기 계시 속에서 하나님이 자신을 피조적인 계시의 매개체, 즉 예수의 인간 본성이나 성경의 언어와 간접적으로 일치시킨다는 뜻이

다. 그러한 계시는 간접적인데, 그 이유는 하나님의 피조적 매개체의 사용은 그 매개체의 어떤 '신성화'(divinization)를 수반하지 않고, 그 매개체의 본래적인 한계는 여전히 유지되기 때문이다. 그러나 동시에 하나님이 그러한 매개체들을 통해 자신을 진정으로 '계시'하기를 선택한다는 의미에서 하나님은 피조적인 매개체와 간접적으로 '동일시'한다. 이것이 감추임과 드러남의 변증법인데, 이러한 이해에 따르면 하나님은 피조적인 휘장들 안에서, 그리고 그것들을 통해(in and through) 자신을 드러내지만(계시하지만), 즉 이러한 위장들은 비록 하나님이 자신을 드러내는 목적을 위해 사용되지만, 여전히 (역자주: 신성화되지 않고) 휘장들로 남을 뿐이다. 나아가 하나님의 자기 계시는 완전하고 온전하며 부분이 아닌 하나님의 전체가 계시 가운데 알려지는 것이지만, 그럼에도 불구하고 하나님이 자신을 드러내기 위해 선택한 피조적 매개체의 휘장 안에 여전히 감추어져 있다. 그러므로 하나님에 대한 그 어떤 것도 자연적인 인간의 지각에 의해 직접적으로 알려지지 않는다.

예수 그리스도 안에 나타난 하나님의 계시와 관련해서, 이것은 하나님이 인간의 본성을 입고 인간의 역사 가운데 인간의 삶의 주체가 되는 과정이 신적인 속성들과 완전함을 인간의 본성에 분여(分與)해 주거나 소통해 주는 것을 수반하지 않는다는 뜻이다. 그러므로 계시는 예수의 인간 본성의 술어가 되는 것이 아니고, 따라서 계시는 예수[인간성으]로부터 직접적으로 읽혀질 수 없다. 마찬가지로, 하나님이 예언자들과 사도들의 언어들을 사용한 것은 이 언어들에 대한 신적인 속성들과 완전함의 '분여'(impartation) 혹은 소통을 결코 수반하지 않는다. 그 언어들은 피조적 매개체로서 그 본래적인 한계에 여전히 종속된다. 이러한 간접계시 개념의 결과는 계시가 외적인, 정상적인, 혹은 '지연적인' 인간의 지각에 여전히 감추어져 있기 때문에 피조적인 휘장 속에 여전히 감추인 하나님의 감추임을 지각하기 위해 인간은 '신앙의 눈과 귀'를 부여 받아야 한다는 것이다. 이러한 생각에서 계시는 객관적인 순간, 즉 하나님이 피조적 매개체의 휘장을 통해 자신을 계시하는 순간과 주관적인 순간, 즉 하나님이 휘장 속에 감추인 것을 이해하도록 인간에게 신앙을 주는 순간을 동시에 지닌다. 객관적인 순간은 예수 그리스도 안에서 일어나고, 주관적인 순간은 성령의 사역을 통해 일어난다.

이러한 간접적인 동일성의 틀에서 우리는 계시의 행위에서 맥락적으로 상황화된 피조적 매개체로서의 그 본래적인 한계와 우연성에 대한 신학적이고 실존적인 인식을 부인하지 않고, 하나님이 인간의 언어를 사용하신다는 점을 주장할 수 있다. 바르트가 계시의 '현실주의적'(actualistic) 성격을 주장함으로써 하나님의 인간과의 인식적(지식 혹은 앎에 관계된) 관계에서 신적인 우선성을 확실히 하고 있음을 덧붙여야 한다. 달리 말하면, 이러한 개념의 계시는 단순히 하나님에게서 더 이상 아무것도 필요로 하지 않는 과거의 사건이 아니다.

이것은 하나님이 행위하기를 그만두고 계시의 매개체와 직접적으로 동일시된다는 것을 함축한다. 만일 그렇다면, 하나님과 인간 사이의 인식적 관계는 인식적 의존(dependency)의 입장으로부터 인식적 통제(mastery)의 입장으로 움직여 갈 수 있을 것이다. 대신에 하나님은 항상 계시의 피조적 매개체들과 여전히 간접적으로 동일시되고, 따라서 인식과정에서 계속적인 신적인 활동이 요구되고, 하나님에 대

피조적 매개체

한 지식과 관련해서 인간의 지속적인 의존이 필수적인 것이 된다. 달리 말하면 인간으로서 우리는 '항상', 그리고 '모든 시점'에서 하나님에 대한 지식을 위해 하나님에게 의존한다.

하나님에 대한 가르침(CD Ⅱ/1-2)

이 권에서 바르트는 "신학은 하나님에 대한 가르침에 대한 상세한 논의와 함께 성부, 성자, 그리고 성령으로서의 하나님이 자기 계시 이외의 다른 토대를 지니지 않는다."는 주장을 펼쳐 낸다. 바르트의 제시는 '행위하는 하나님'으로 존재한다는 규칙을 고수하는 하나님의 존재에 대한 설명을 제공한다. Ⅱ권은 하나님의 '동적인 행위'(movements)를 설명하는 두 개의 주요 부분으로 나누어진다.

첫째, 「교회교의학」 Ⅱ/1에서 바르트는 하나님을 그 존재가 자유 가운데 사랑하는 활동과 동일시되는 '행위자'(agent or actor)로 설명한다. 하나님은 행하시는 하나님으로 존재한다. 그리고 하나님이 행하시는 것은 사랑이다. 이 운동은 하나님의 행위들에 기초한 하나님의 속성들 혹은 완전성들에 대한 논의에서 절정을 이룬다.

둘째, 「교회교의학」 Ⅱ/2에서 바르트는 하나님에 의해 수행되고 하나님의 존재와 성품(character), 즉 은혜로운 선택(election)의 행위를 깊이 지시해 주는 특별한 행위를 고찰한다. 바르트의 설명의 두 부분은 자유 가운데 사랑하는 자로서 인간과 관계하는 하나님의 성품에 대한 해석으로 이루어져 있다. 이 논의는 네 개의 부문으로 나누어진다. 즉 하나님에 대한 지식(25-27절), 하나님의 실재(28-31절), 하나님의 선택(32-35절), 그리고 하나님의 명령(36-39절).

Ⅱ권을 시작하면서 바르트는 그 저작들 전체에 걸쳐서 거듭 주장한 요점을 확실히 하기 위해서 하나님에 대한 지식에 대한 생각으로 돌아간다. 즉, 하나님은 우리가 마음대로 처분할 수 없다. 하나님에 대한 인간의 지식을 말하는 것은 하나님이 인간의 관점에서는 불가능한 것을 은혜의 행위에 의해 가능하게 한다는 주장을 필요로 한다. 여기서 바르트는 그러한 지식의 가능성보다는 하나님에 대한 지식의 성취에 대해 말한다. 하나님에 대한 지식은 성령의 역사에 의해 성취 혹은 완성된다. 달리 말하면, 바르트는 하나님에 대한 지식이 어떻게 가능한지를 탐구하기 전에 하나님이 알려지는 은혜로운 실재를 주장한다. 이러한 도전은 하나님이 여전히 인간과의 관계에서 항상 자유로운 '행위하는 주체'(the acting subject)임을 확실히 하면서 동시에 인간을 위한 이러한 지식의 실재를 주장하는 것이다.

하나님에 대한 지식은 우리가 통제할 수 있는 방식으로 접근할 수 없다. 그것은 항상 사건이고, 따라서 인간이 확실한 소유로 주장할 수 있는 어떤 것이 결코 아니다. 그러므로 인간에게 알려지는 하나님에 대한 지식은 객관적(그것은 알려지는 하나님에 대한 참된 지식이다.)일 뿐 아니라 역동적(그것은 인간에 의해 단번에 소유될 수 없다.)이다. 우리는 하나님에 대한 지식을 위해서 순간순간 언제나 하나님에게 의존한다.

이러한 주장이 수반하는 것들 가운데 하나는 계시 밖에서 일반적으로 접근 가능한 하나님에 대한 지식이 있다고 주장하는 자연신학에 대한 바르트의 격렬한 부인이다. 바르트에 따르면 그러한 생각들은 창조주-피조물의 구별을 타협시키는 것으로 항상 거부되어야 한다. 기독교 신앙에 대한 변증적인 방어를 위한 기초일 수 있는 신자와 불신자 사이의 공통의 토대를 추구하는 것은 하나님에 대한 지식이 일반적인 인간들에게 일반적으로 접근 가능하다고 주장하는데, 바르트가 보기에, 이러한 주장은 가능하지 않다. 문제는 신자는 하나님에 대한 지식을 지니고 있고, 불신자는 그렇지 않다는 것이 아니다. 결코 그렇지 않다. 바르트의 중심적인 확신은 아무도 하나님에 대한 지식을 소유할 수 없기 때문에 자연신학의 불가능성은 인간의 하나님의 은혜에의 근본적인 의존을 증거하는 또다른 방식이라는 것이다. 이 모든 주장의 목표는 우리 자신에서 시작하여 하나님에게로 나아가는 신학의 경향을 바꾸는 것이다. 바르트는 이러한 근대적 직관을 뒤집으려고 하면서, 하나님과 함께 시작해야 함을 역설한다.

바르트의 논의가 하나님에 대한 지식에서 하나님의 실재로 나아가면서, 바르트는 기독교 교의학의 가장 근본적인 관심은 "하나님이 계신다."(God is.)라는 명제에 대한 해명이라고 주장한다. 여기서 관심은 하나님의 실존의 가능성이 아니고, 하나님의 성품이다. 자연신학에 대한 부인과 궤를 같이 하여, 우리가 이미 하나님에 대해 참되다고 믿은 것과 관련된 모든 가정들과 전이해들을 배제하고, 대신 오직 계시는 하나님으로부터만 배우려고 해야 한다. 바르트에게 있어서 "하나님이 계신다."라고 말하는 것은 "하나님이 행위하신다."라는 뜻이고, 따라서 하나님의 존재를 이해하기 위한 가장 기본적인 범주는 '행위'(agency)라는 뜻이다. 그러므로 바르트는 즉시 하나님의 정체성의 현현인 하나님의 사역에 대한 고찰로 넘어간다. 하나님은 하나님이 행하신 것을 통해 알려진다.

그리고 하나님이 행하신 것은 성경의 증언에서 나타난다. 우리가 성경에서 보는 것은 하나님은 자유 가운데 사랑하는 분이라는 것이다. 여기서 두 가지 점을 짚어 보아야 한다. 첫째, 바르트는 "하나님은 사랑이시다."라는 성경의 주장을 해명하면서, 나아가 하나님의 사랑의 구체적이고 활동적인 성품에 대한 탐구를 통해 그 주장을 그의

신학 전체의 내용으로 철저하게 짜 내려고 한다. 우리가 하나님에 대해 이해할 때, 우리가 사랑의 본질을 미리 안다고 단정하고는 그것을 하나님의 사랑에 덮어씌우려 해서는 안 된다. 하나님이 사랑하시는 구체적인 방식은 하나님과 하나님의 피조물들 사이의 지속적인 친교의 확립을 통해서이다. 세상에 대한 하나님의 사랑은 열정 없는 신성(Deity)의 사랑이 아니라 오히려 세상의 삶 가운데 열정적으로 관여하고 예수 그리스도 안에서 이 사랑을 넘치게 쏟아 붓는 분의 사랑이다.

    그러나 이 사랑은 하나님이 단순히 사랑하는 자일 뿐 아니라 더 온전히 자유 가운데 사랑하는 자라는 사실에 의해 수식된다. 여기서 하나님의 초월적 능력과 위엄은 하나님이 유한한 피조물과는 전적으로 다른 것으로 이해되는 방식으로 드러난다. 하나님이 자유 가운데 사랑하신다는 것은 하나님이 의지하는 방식으로, 즉 하나님이 완전히 주권적인 방식으로 우리를 사랑하신다는 점을 강조한다. 그러나 이러한 주권성은 하나님이 원하시는 바를 (역자주 : 무엇이든지) 할 수 있다는 주장으로 단순하게 이해되어서는 안 되고, 오히려 하나님이 자유 가운데 행하시는 것이 사랑이라는 뜻으로 이해되어야 한다. 바르트에게 있어서 하나님의 사랑과 하나님의 자유는 그 개념들 각각, 즉 하나님의 정체성과 하나님의 사랑의 본질에 대한 의미를 왜곡하지 않고 각각의 개념으로부터 추상화될 수 없다. 하나님의 사랑은 "전적으로 자유롭고, 그 자체에 토대를 두고 있고, 어떤 타자를 필요로 하지 않지만 결핍이 없고, 주권적 초월 가운데 자체를 타자에게 주고 소통한다. 이 자유 안에서 그것(하나님의 사랑)은 신적인 사랑하심이다. 그러나 우리는 또한 역으로 오직 이러한 신적인 사랑하심 안에서 우리가 신적인 자유라고 기술하는 자유가 있다고 말해야 한다 : 만일 우리가 하나님의 사랑과 하나님의 목적을 추상화하면, 우리가 아무리 신중하다 할지라도, 우리는 단지 세상-원리를 기술하는 것이다."[18] 자유 안에서 사랑하는 자이신 하나님의 생명은 그 무수하고 다양한 완전함들 가운데 무한히 합성되고 얽혀 있는데, 바르트는 그것을 29~21절에서 상세하게 논의하고 있다.

　　자유 가운데 사랑하는 자이신 하나님의 정체성은 은혜로운 선택의 행위에서 그 절정을 이룬다. 바르트는 이 고전적인 개혁교회 가르침에 주의를 돌리면서 말한다.

"선택에 대한 가르침은 그것이 최상이라고 말해질 수 있고, 들려질 수 있는 모든 말들 때문에 복음의 총화이다 : 하나님이 인간을 선택하신다 ; 자유 가운데 사랑하는 자이신 하나님이 인간을 위하신다. 그것은 예수 그리스도에 대한 지식에 토대를 두고 있는데, 왜냐하면 예수 그리스도는 선택하시는 하나님이요, 동시에 선택된 인간이기 때문이다. 그것은 본래 하나님의 인간의 선택이 인간의 예정일 뿐 아니라 하나님 자신의 예정이기 때문에 하나님에 대한 가르침의 일부가 된다. 그 기능은 하나님의 모든 길들과 사역들의 시작으로서 영원하고, 자유롭고 불변하는 은혜에 대해 기본적인 증언을 하는 것이다."[19]

여기서 하나님에 대한 바르트의 주장에서 절정은 선택론에서 그 결실을 보고 있다. 선택론은 바르트의 손에서 인간을 '구원을 받은 자'와 '저주를 받은 자'로 솎아 내는 신적인 지성의 음모들에 대한 탐구가 아니라 모든 말들 가운데 최상의 말이 되는데, 그 이유는 선택의 행위에서 우리는 하나님이 우리를 위하는 하나님이라는 사실을 발견하기 때문이다.

선택은 예수 그리스도의 실재에 초점을 맞추는데, 바르트에 의해 예수 그리스도는 "선택하고 선택받은 존재"로 이해된다. 바르트는 이중예정론을 예수 그리스도 안에서 현실이 되는 하나님의 자기 선택과 하나님의 인간의 선택으로 재형성하기 위해 하나님이고 동시에 인간인 예수 그리스도의 두 본성에 호소한다. 그리스도 안에서 우리는 선택을 신적인 자기 선택으로 개념화할 수 있다. 여기서 인위적인 신적 전능성에 대한 생각은 하나님의 의지에 대한 이해로부터 배제된다. 왜냐하면 중요한 것은 하나님의 의지의 구체성이고 하나님은 예수 그리스도 안에서, 그리고 예수 그리스도로서 알려지기를 선택하기 때문이다. "태초에 하나님과 함께 이 분, 예수 그리스도가 있었다. 그리고 그것이 예정이다. 이 개념이 포함하고 이해하는 모든 것이 본래적으로 예수 그리스도 안에서 발견될 수 있고, 예수 그리스도와의 관계에서 이해되어야 한다."[20] 예수 그리스도 안에서 우리는 하나님의 자기 선택이 은혜로 된 그의 결정이고, 이 은혜는 단순히 다른 방식으로 혹은 다른 목적을 향할 수 있는 절대적인 의지의 한 가지 양태나 조절(modulation)이 아님을 본다. 예수 그리스도 안에서 우리는 선택의 행위자가 예수 그리스도 자신이고, 이 선택의 수단이 성육신에서 그리스도에 의한 인간됨의 공유라는 점에서 선택을 인간됨의 선택으로 또한 이해할 수 있다. 바르트는 또한 "이것이 선택은 예수에 의해 세워진 인간의 삶의 형식에 대해서 하라는 긍정을 함축한다."고 주장한다. 선택은 예수 그리스도 안에서 가능해진 언약의 삶에 참여할 선택이다.

선택에 대한 바르트의 재천명의 결과는 선택하시는 하나님과 선택된 인간에 대한 이해인데, 이러한 이해에서 선택은 "운명이 아니라 형식이다. 그러므로 선택과 윤리는 분리할 수 없는데, 왜냐하면 인간됨은 단순히 삶의 상태에로뿐 아니라 삶의 길로 선택된다. 선택은 목적적인 결정, 즉 행복, 감사, 그리고 증거로서의 봉사를 향한 결정이다."[21] 이러한 이유로 인해 바르트는 하나님에 대한 가르침에 대한 그의 고찰을 윤리와 그 도덕적 함축에 관한 마지막 장으로 마무리한다.

바르트에게 있어서, 하나님의 인간과의 언약에 대한 기독교의 개념은 그 첫 요소로서 선택론과 그 둘째 요소로서 하나님의 명령론을 포함한다. 그리고 오직 이러한 언약 개념을 통해서만 하나님에 대한 가르침이 완성될 수 있다. "왜냐하면 하나님은 예수 그리스도를 통하지 않고는 알려지지도 않고, 알려질 수도 없다. 하나님은 참 하나님이고, 참 인간인 예수 그리스도 없이 자신의 신적인 존재와 완전함 가운데 존재하지 않는다. 그러므로 하나님은 하나님의 이름으로 이루어지고 시행된 인간과의 언약 없이 존재하지 않는다. 만일 하나님이 자신과 인간 사이의 이 언약의 조성자요, 주로 알려지지 않는다면, 하나님은 완전히 — 그러므로 결코 — 알려지지 않는다."

이 실재에 비추어 볼 때, 기독교적인 하나님 이해는 단지 하나님에게만 관계할 수가 없다. 왜냐하면 그 초점이 이 특수한 하나님에게 있기 때문이다 ; 그것은 또한 예수 그리스도 안에서 인간이 "하나님에 의해 선포되고 세워진 언약에서 동반자가 되는" 정도로 인간을 포함해야 한다.[22]

창조에 대한 가르침(CD Ⅲ/1-4)

「교회교의학」의 세 번째 권의 첫 번째 책(CD Ⅲ/1)에서 바르트는 창조주로서의 하나님에 대한 논의와 창세기의 첫 두 장에 나오는 창조의 기사에 대한 상세한 주석을 가지고 창조론을 전개한다. 「교회

교의학」Ⅲ/2에서 바르트는 인간 혹은 신학적 인간론과 인간이 하나님의 형상으로 창조되었다는 것이 무엇을 의미하는지에 대한 이해로 그의 관심을 돌린다. 「교회교의학」 Ⅲ/3에서는 섭리의 문제를 다루고, 「교회교의학」 Ⅲ/4에서는 창조의 윤리를 전개한다.

　　바르트의 관점에서 보면, 기독교의 창조론은 창조주 하나님에 대한 신앙과 단순히 기원의 문제에 관심을 둔다. 바르트에게 있어서 다른 교리들과 마찬가지로, 이 교리는 하나님과 관련되고 창조주로서 하나님의 정체성을 탐구한다. 모든 기독교의 성찰과 마찬가지로, 창조에 대한 고찰과 성찰은 교회의 영역에서 이루어지고, 하나님이 창조주라는 신조의 고백과 함께 시작한다. 그러므로 창조론은 "기독교 고백의 전체 내용이 신앙의 조항, 예컨대 아무도 그 자신을 위해 입수하지 못한, 또는 앞으로도 입수하지 못할 지식에 대한 해명이다 ; 그것은 사람에게 본성적인 것도 아니고 관찰이나 논리적인 사고를 통해 접근 가능한 것도 아니다 ; 인간은 그것에 접근할 그 어떤 기관(organ)이나 능력을 지니고 있지 못하다 ; 인간은 그것을 오직 신앙을 통해 성취할 수 있다 ; 그러나 그것은 신앙을 통해, 예컨대 신적인 증언(witness)의 수용과 그것에 대한 응답을 통해 현실적으로 완성된다."[23] 이러한 주장을 통해 바르트는 창조에 대한 생각에서 중력의 무게 중심을 우리가 인간으로서 지닌 실존에 대한 의식으로부터 하나님의 자유로운 자기-실존(the free self-existence of God)으로 옮긴다. 달리 말하면, 바르트에게 있어서 모든 신학적 성찰은 적절하게 하나님과 함께 시작해야 한다. 더 나아가 존재하는 모든 것의 창조자로서의 하나님에 대한 우리의 지식은 예수 그리스도에 대한 지식으로부터 파생한다. "나는 전능하신 성부 하나님이 하늘과 땅의 창조주임을 지각하고 이해하기 위하여 우리 주 하나님의 아들 예수 그리스도를 믿습니다. 전자를 믿지 않으면, 후자를 지각하고 이해할 수 없습니다."[24]

창조에 대한 이러한 강한 기독론적 정향은 "창조론에 특징적으로 목적론적 성격을 부여하는" 기능을 한다. "창조질서는 오직 예수 그리스도 안에서 시행되고, 성령의 능력 안에서 실재가 되는 창조에 대한 하나님의 목적들에 비추어 이해될 수 있다 ; 창조는 하나님이 예수 그리스도와의 교제로 작정하신 그 실재이다(그러므로 그 실재로 알려진다). 그리고 이로 인해 '창조'와 '언약'은 상관항이다."[25] 창조와 언약의 밀접한 연결에 대한 탐구는 「교회교의학」 Ⅲ/1의 가장 긴 부분을 이루고, 창세기 1~2장에 나오는 창조기사에 대한 두 개의 확장된 주석적 연구를 포함한다.

이러한 논의는 두 개의 초점이 되는 관심 주제에 대하여 전개되고 있다. 첫째, 창조가 하나님의 창조사역이 항상 "인간을 예정하시고 부르신 동반자 관계를 위해 은혜의 언약의 제정, 보존, 그리고 실행"[26]을 전망하고 있다는 의미에서 하나님의 인간과의 언약에서 외적인 기초를 이룬다. 둘째, 언약은 창조의 내적인 기초가 되는데, 이는 하나님의 인간과의 언약이 창조사역에서 하나님의 의도들이 성취된다는 의미이다. 이러한 설명에서 창조는 삼위일체 하나님의 일련의 사역에서 첫 번째 사역으로 간주되기 때문에, 삼위일체론의 맥락에서 고찰되고 이해되어야 한다. "실제로 창조가 구원의 사역과 관련이 없는 하나님의 유사−독립적인 행위로 생각되거나 혹은 구원사가 세계와 인간이 존재하도록 의지하고 실행되게 하는 하나님의 역사(役事)로부터 추상화될 수 있다고 생각하는 것을 막을 수 있는 것은 오직 삼위일체론이다."[27] 이러한 생각에서 삼위일체, 창조, 그리고 언약은 천지의 창조자이신 하나님에 대한 고백을 통한 교회에 대한 이해뿐만 아니라 하나님의 존재와 행위 안에서 분리할 수 없이 함께 연합되어 있는 것으로 간주된다.

신학적 인간학 혹은 인간의 본성에 주의를 돌리면서 바르트는 예수 그리스도에 비추어 인간을 이해하려는 시도에서 창조론에서 가진 생각과 유사한 양태를 따른다. 중요한 질문은 인간이 하나님의 형상(imago Dei)으로 창조되었다는 성경의 증언과 관련이 있다. 이것은 무엇을 의미하는가? 이 주장에 대한 기독교의 성찰과 가르침의 역사를 통하여 불멸하는 영혼의 현존, 이성의 소유, 혹은 지배의 능력 등과 같은 많은 개념들이 형상을 기술하기 위해 제시되어 왔다. 바르트는 이러한 대안들을 추구하기보다 예수에게 그의 주의를 돌리는데, 예수

는 신약성경에서 보이지 않는 하나님의 형상으로 묘사되어 있고, 예수를 통해, 그리고 예수를 위해 만물이 창조되었다(골 1 : 15-16).

바르트에게 있어서 이것은 하나님의 형상이 인간들이 그들의 본성의 구성적인 부분으로서 소유하고 있는 어떤 것이 아니라는 것을 의미한다. 대신 하나님의 형상은 예수 그리스도, 즉 그를 통해 만물의 운명이 성취되는 존재이다. 하나님의 형상은 인간의 속성이라기보다 인간이 참인간인 예수 그리스도와 맺는 관계이다. 이것이 바로 하나님이 창조의 행위를 수행한, 즉 예수 그리스도의 인격 안에서 사랑과 은혜를 인간에게 쏟아 부은 이유를 가리킨다. 그러므로 창조는 그리스도 안에서 하나님의 선물이지만, 항상 그리스도 안에서 그 완성(consummation)을 지향하도록 질서를 부여 받아야 한다. 그러므로 창조는 그 시작이요, 마침이 되는 하나님의 아들 예수 그리스도의 인격의 구체적이고 특수한 실재에 의존하고 있다. 인간은 오직 그리스도를 통한 하나님과의 관계에서 참된 인간됨을 발견한다. 인간은 예수 그리스도를 통해, 그리고 그를 위해 창조되었다.

바르트는 창조론에서 삼위일체 하나님을 또다른 실재, 즉 하나님이 아닌 실재를 존재하게 하고 사랑, 은혜, 그리고 축복을 위해 언약의 관계를 세우는 창조의 행위자로 묘사한다. 바르트의 인간이해는 '피조성'을 "예수 그리스도를 통해 하나님과의 교제를 위해 예정되고 소양을 갖추고 세워진 실재"로 설명한다. 바르트는 창조의 계속적인 역사로 볼 수 있는 섭리에 대한 설명에서 이 두 주제들을 결합하는 방식으로 창조론을 마감한다. 기독교 신앙은 하나님을 만물을 존재로 부르시는 창조주로 고백한다. 기독교적인 섭리 신앙은 창조의 하나님이 세상을 버리지 않으시고, 오히려 사랑과 은혜로 그리스도 안에서 그 의도된 목표를 향해 세상을 인도하신다고 주장한다. "섭리에 대한 가르침은 모든 면에서, 그리고 그 시간의 전 범위에서 피조된 존재들의 역사가 창조주 하나님의 부성적(父性的) 돌봄 아래에서 진행되어 간다는 의미에서 피조적 존재들의 역사 자체를 다룬다. 창조주 하나님의 의지는 그분의 은혜의 선택 안에서, 따라서 그분과 인간 사이의 언약의 역사 안에서, 그러므로 예수 그리스도 안에서 행해지고 보여야만 한다."[28]

바르트는 섭리를 일차적으로 창조에 대한 일반적인 감독(oversight)과 지배(governance)의 방식으로 보지 않고, 오히려 하나님이 예수 그리스도 안에서 우리를 위하기로 한 영원한 결정의 기능으로 본다. 바르트는 나아가 섭리에 대한 그의 이해를 창조의 행위 안에서 "창조주이신 하나님이 자신을 그 역사의 주로 그의 피조물과 연관시키고 그 피조물에게 신실하시다"[29]라는 주장으로 요약한다. 그러므로 섭리의 내용은 하나님이 주가 되시는 피조질서와 그 피조물들과 예수 그리스도 안에서 주도하시고 유지하시는 지속적이고 역사적인 교제이다. 바르트는 하나님이 만물을 발생하게 하는 존재로 묘사되는 그러한 섭리에 대한 가르침을 제시하지 않는다. 사실상 "바르트는 하나님의 다스림에 대한 모든 기계적인 혹은 결정론적 이해들을 막기 위해 무진 애를 쓴다. 하나님은 피조물들을 강요하지도 않으시고 피조물들이 자신을 위해 살도록 내버려 두지도 않으시고, 그들 자신의 길을 멋대로 발견하게 내버려 두지도 않으신다. 그것(역자주 : 기계적이고 결정론적 이해)은 하나님과 피조물이 행위 혹은 능력의 부족한 자원을 얻기 위해 경쟁을 강요당하는 제로섬 게임(zero-sum game)을 제시하려고 한다. 이러한 이해는 성경이 보여 주는 세상에 대한 하나님의 돌보시는 모습이 전혀 아니다."[30]

바르트의 연구 성격은 하나님의 섭리와 인간의 자유에 대한 문제 해결로 귀결되지 않는다. 그가 제시하는 것은, 그가 성경에서 보는 양태를 따라, 성서적 증언을 존중하는 하나님의 행위와 인간의 행위에 대한 일련의 특수한 묘사이다. 동시에 바르트는 양쪽의 보전(integrity)에 대해 문제를 제기할 수도 있는 이론적인 종결(closure)도 피하려고 한다. 바르트의 관점에서 보면, 한편으로 우리가 하나님의 행위와 인간의 행위의 이중행위가 논리적으로 들어맞는 방식들에 대한 해결 혹은 설명을 제시할 수 없는 것이 참이면서도, 다른 한편으로는 논리적 모순 없이 양자를 긍정하는 것이 가능하다. 우리는 단지 성경의 증언에 가능한 한 신실해야 하고, 예수 그리스도 안에서 일어난 하나님의 계시의 특수성에 적합한 신비를 인정해야 한다.

화해에 대한 가르침(CD Ⅳ/1-4)

'화해'는 바르트가 예수 안에서 일어난 복잡한 사건을 기술하고, 그리스도의 인격을 그리스도의 사역과 통합하기 위해 사용하는 단어

이다. 그러나 바르트의 화해론은 예수의 인격과 사역에 대한 전통적인 성찰의 매개변수들이 여전히 화해론에서 중심적 관심이지만, 전통적인 성찰의 매개변수들을 넘어 논의를 전개해 간다. 성육신, 십자가와 부활에 대한 탐구에 더해 바르트의 설명은 또한 성령, 교회, 죄, 구원, 윤리, 그리고 기독교인의 삶에 대한 논의를 포함한다. 종종 그리스도에 대한 보다 전통적인 신학적 논의들을 통해 해명되지 않은, 광범위하고 다양한 주제들에 대한 전일적이고 확대적인 취급에서 바르트의 연구는 "하나님께서 그리스도 안에 계시사 세상을 자기와 화목하게 하시며 그들의 죄를 그들에게 돌리지 아니하시고 화목하게 하는 말씀을 우리에게 부탁하셨느니라"(고후 5 : 19)는 성경의 선포에 대한 확대된 주석을 통해 그리스도 안에서 만물이 연결되어 있는 것으로 보려는 시도로 읽혀질 수 있다. 바르트는 교의학의 마지막 부분인 화해론에 대한 저술을, 그의 전체 계획과 비전의 맥락에서 이 특별한 주제의 중요성을 잘 인식하면서, 65세의 나이에 시작했다. 「교회교의학」 IV/1의 서언에서 바르트는 이렇게 쓰고 있다 : "나는 기독교의 모든 지식의 중심에서 신학자에게 주어진 아주 특별한 책임을 매우 잘 의식하고 있었다. 여기서 실패하면 모든 곳에서 실패한다. 여기서 바른 행로에 있게 되면 전체에서 완전히 실수하는 것을 불가능하게 한다. 주마다, 그리고 심지어 날마다 나는 바른 행로를 발견하고, 그것을 잃지 않기 위해 끊임없이 경계심을 가져 왔고, 앞으로도 (계속해서) 경계심을 가질 것이다".[31]

      IV권의 구조는 꽤 복잡하다. 따라서 어떤 설명 부분도 (역자주 : 그 자체로) 확정적이지 않고, 한 부분은 다른 부분 위에서 전개되고 확장되기 때문에 이 권을 일련의 분리되고 불연속적인 전개로 읽기보다는 하나의 전체로 읽는 것이 중요하다. IV/1, IV/2, 그리고 IV/3에서 논증의 세 경로는 각각 서로 다른 초점을 지닌 유사한 구조를 따르면서, 함께 주의 깊게 전개되고 조화된 연속적인 설명들(articulations), 반복들(repetitions), 반향들(echoes), 그리고 변주들을 이룬다. 이 세 권의 각각은 서로 다른 각도에서 보여진 그리스도의 인격과 사역에 대한 상세한 취급을 가지고 시작한다. 바르트는 그리스도의 인격과 사역이 서로 고립적으로 해명될 수 없도록 상호 연관적 관계를 지닌다고 매우 일관적으로 주장한다.

그리스도의 인격과 사역은 분리될 수 없다. 왜냐하면 그리스도의 본성은 동적(動的)이기 때문이다. 한편으로는 그리스도의 인격을 그리스도의 사역 수행과 별개로 이해할 수 없다. 다른 한편으로는 그리스도의 인격을 그의 사역에 대한 대체 불가능한 주제로 보지 못한다면, 그리스도의 사역을 적절하게 이해할 수 없다. 그러므로 그리스도의 인격과 사역을 '분리'해서는 안 되면서도, 우리가 예수 안에서 그의 순수하고 은혜로운 주도를 통해 우리를 위해 행하는 진정한 신-인 중재자를 지니고 있음을 명백하게 하기 위해서 그 둘을 '구별'하는 것은 중요하다.

바르트는 예수에 관한 고전적인 기독교의 가르침과 고백의 세 가지 주장을 결합한다. 첫째, 예수의 존재에 대한 물음들에 대한 응답으로 칼케돈 공의회에 의해 공식화된 주장, 즉 예수는 한 인격 안에서 온전한 하나님인 동시에 온전한 인간, 참된 하나님이며, 동시에 참된 인간이라는 주장이다. 둘째, 예수의 화해의 사역을 특징짓는 겸비(humiliation)와 고양(exaltation)의 두 상태라는 것이다. 그리고 셋째, 예수 안에서 성취된 제사장, 왕, 그리고 예언자의 삼중직이라는 주장이다.

Ⅳ/1에서 바르트는 그리스도의 인격과 사역을 종이신 주의 관점에서 고찰하고, 하나님의 아들 예수의 순종을 그의 신성의 특권을

내려놓고 심판을 짊어진 그의 자발성과 관련해서 기술한다. 여기서 바르트는 그리스도의 순종을 그의 신성과 왕직의 수행과 결합시키고 있는데, 그 결과 하나님의 존재와의 관계에서 육화한 하나님의 아들을 낮아지심에 초점을 맞추게 되고, 그 겸비를 신적인 삶으로 주입하는 효과를 야기한다.

Ⅳ/2에서 바르트는 그리스도와 인격과 사역을 설명하면서 다시 유사한 양태를 따르지만, 이번에는 주이신 종 예수 그리스도의 관점에서 고찰한다. 여기서 Ⅳ/1에서의 겸비 가운데 있는 신성의 역설이 도치(倒置)되고, 그리스도의 인간성이 승리와 고양과 왕적 직임의 성취에 관계된다. 바르트의 설명이 조직되는 방식은 반(反)직관적인데, 한편으로는 하나님의 본성, 고양의 상태, 그리고 왕적 직임이 함께 취해지

고 고찰되어야 하고, 다른 한편으로는 인간의 본성, 겸비의 상태, 그리고 제사장의 직임이 전개되어야 한다는 일반적인 가정을 뒤집는다.

Ⅳ/3에서 바르트는 그의 설명을 그리스도 안에서 두 본성의 일치와 겸비와 고양의 두 상태의 일치에 대한 명쾌한 탐구로 솜씨 있게 마무리한다. 바르트는 그의 예언적 직임을 통해 세상의 빛인 참된 증거자로 예수 그리스도를 고찰함으로써 이러한 설명을 한다. 그러므로 화해자로서의 예수 그리스도에 대한 바르트의 설명을 다음과 같이 요약할 수 있을 것이다. 예수 그리스도는 우리를 대신하는 분으로, 우리를 향한 그의 제사장적 행위의 성취를 통해 우리를 위해 기꺼이 굴욕을 감당함으로써 참되고 온전하게 하나님이 되시는 것으로 계시된다 ; 예수 그리스도는 그의 왕적 직임의 성취를 통해 하나님과의 교제를 고양시킴으로써 참되고 온전한 인간으로 계시된다 ; 그리고 예수 그리스도는 성령을 통해 자신을 우리에게, 또 우리를 위해 그의 예언자 직임의 성취를 통해 그가 누구이고, 무엇을 행하는지를 서약하고 증거한다는 의미에서 하나님인 동시에 인간인 하나의 인격으로 계시된다.

예수 그리스도의 인격과 사역, 혹은 보다 낫게 표현해서 하나님이고 인간이신 화해자로서의 예수 그리스도의 행동하는 존재(being-in-act)에 대한, 이러한 통전적이고 전일적인 설명과 관련하여 바르트는 인간의 '하나님으로부터의 소외'를 다루고, 극복하고, 치유하는 '그리스도의 화해사역'의 결과에 대한 특수한 양상을 탐색한다. 하나님의 순종적인 아들로서 예수 그리스도는 굴욕과 심판을 감내한 자발성을 통해 인간의 부패를 야기한 교만의 죄를 드러낸다. 승리한 인자로서 예수 그리스도는 그의 승리와 고양에 주의를 기울이지 않고 찔림 받기를 거절하여, 그 결과 지속적인 불행과 절망에 빠지게 하는 태만의 죄를 밝히 드러낸다. 참된 증인으로서 예수는 진리의 빛을 거짓의 어둠으로 바꾸어 정죄를 야기한 거짓의 죄를 폭로한다. 이 각각의 경우에서 죄는 인간의 생명을 포용하고 치유하는 하나님의 은혜의 활동에 대항한 반동(反動)으로 이해된다.

그러나 이러한 반동은 오직 그것이 그렇게도 완고하게 반대하는 은혜에 비추어 이해될 수 있다. 바르트에게 있어서, 죄는 율법에 대한 단순히 그릇된 행위가 아니라 그리스도 안에서 세상을 자신에게 화해시키려고 하는, 하나님의 그 은혜와 사랑에 대한 반대이다. 그러므로 죄는 "금지되는 것일 뿐 아니라 어떠한 근거도 결코 가지지 못하는 것이고, 그 주제넘은 실재에 있어서 믿을 수 없을 정도로 공허하기 때문에 오직 하나님의 화해만이 그것을 상대한다. 이는 하나님이 사랑

158 · 쉽게 읽는 바르트 이야기

으로 죄를 대적하시는 곳에서만 진정으로 알려질 수 있다. 그러므로 그것은 기독론 이전이 아니라 이후에 논의되어야 한다."[32] 그리스도 안에서 이루어진 하나님의 사역이 죄에 의해 가해진 상처를 치유하고, 인간의 생명의 갱신을 낳는 방식들을 기술하면서, 바르트는 고전적인 칭의(61절)와 성화(66절)의 언어와 그리스도 안에서 이루어진 하나님의 화해에 대한 증언자가 되어야 할 인간의 소명에 대한 상세한 논의를 통해 하나님의 화해를 설명한다. 바르트는 이러한 하나님의 갱신 혹은 구원의 자기화 혹은 전유(appropriation)를 공동체의 모음(62절), 공동체의 세움(67절), 그리고 공동체의 보냄(72절)에서 성령의 사역으로 본다. 공동체에 대한 초점은 하나님의 갱신 혹은 구원이 먼저 기독교 공동체에 알려진다는 것을 강조하는 것으로, 그 의미는 개인들이 오직 그리스도의 추종자들의 공동체 안에서만 '그리스도인들'일 수 있다는 것이다. 그러나 교회는 구원을 개인들에게 매개하지 못한다(은혜의 본성과 관련한 바르트의 가톨릭 전통에 대한 비판을 기억해 보라). 그러므로 그리스도인들이 그리스도의 화해사역이 가져다주는 구원과 갱신에 대해 알고 있고, 그 실재를 세상에 증거할 책임이 있다는 점에서 그리스도인들과 다른 비(非)그리스도인들 사이에 단지 잠정적인 차이만 있을 뿐이다. 바르트 해석의 구조는 믿음(63절), 사랑(68절), 소망(73절)의 산출을 통한 구원의 전유에서 성령의 사역으로 마무리하고 있다.

바르트는 이 네 번째 권을 언약에 대한 가르침으로 부르는 것을 깊이 생각했다. 그 이유는 "임마누엘, 우리와 함께하시는 하나님"에 대한 성경의 증언에서 요약되어 있는 그 내적인 주제를 강조하기 위한 것이다. 이러한 내적인 주제는 예수 그리스도를 "참 하나님과 참 인간"으로 규정하는 고대 공의회의 결정에서 포착되어 있고, 예수 그리스도 안에서 이루어진 하나님의 언약에 대한 묘사로 기능하고 있다. 이 언약은 새로운 언약으로 가장 적절하게 간주되는 것이 아니라 오히려 이제는 그리스도 안에서 완성되고 모든 사람들에게 미친 하나님의 이스라엘과의 언약의 성취로 간주된다. 마지막으로, 바르트에게 있어서 그리스도 안에서의 언약의 성취는 인간의 죄와 반동에 대한 반응으로 이해되는 것이 아니라 오히려 하나님이 처음부터 자유 가운데 사랑하시고 영원으로부터 "우리를 위하시는" 분으로 그의 피조물들을 작정하신 원래의 선의의 성취로 이해되어야 한다. 결국 바르트의 화해론은 기독교 사상사에서 위대한 신학적 논문들 가운데 하나로, 그리스도 안에서 하나님이 만물을 자신에게 화해시키셨다는 복음의 심장에 대한 하나의 강력하고 주목할 만한 지적이고 문학적인 증언이다.

윤리학

바르트는 항상 주장하기를 개혁교회 신학전통의 중요한 특징들 가운데 하나는 도덕적이고 바른 삶의 중요성에 대한 강조라고 했다. 도덕적 성찰에 대한 이러한 열심 때문에, 「교회교의학」은 하나님과 인간 사이의 언약적 관계에 상응하는 교의학과 윤리학에 대한 이중적인 강조를 포함한다. 그러나 윤리학에 대한 바르트의 설명은 우리가 윤리학의 주제를 고찰할 때 전형적으로 생각하는 것과 상당히 다르다. 바르트의 시각에서 보면, 근대 윤리학 분야는 기독교의 확신들과 어긋나는 전제들과 가정들에 의해 지배되었다. "내가 무엇을 해야 하는가?"라는 질문에 대한 근대 윤리학의 다양한 형식의 근본적 탐구에서 이 점을 확인할 수 있다. 이러한 질문을 가지고 시작하는 것은 인간을 피조 질서의 중심에 두는 것이고, 윤리적 성찰에서 인간의 자율(autonomy)을 주장하는 것이다. 윤리학에 대한 전통적인 생각들은 인간의 관점에서 선을 규정하고 결정하려는 인간의 계획과 시도에 대한 것이다. 바르트는 주장하기를 기독교 신앙의 관점에서 도덕적 성찰에 대한 이 모든 접근은 선에 대한 물음이 살아 계신 하나님의 실재와 상관없이 고찰되고 다루어질 수 있다는 그릇된 가정에 의존하고 있다고 한다. 윤리학이 적절하게 기독교적일 수 있기 위해서는 그것이 하나님과 하나님의 행위에서 시작해서 인간들과 그들의 도덕적 선택들을 위해 지니는 그 함축들을 고찰하는 방향으로 나아간다는 의미에서 적절하게 신학적이어야 한다.

바르트에게 있어서 윤리학의 적절한 신학적 성격은 윤리학이 교의학의 배경에서 다루어져야 한다는 것을 의미한다. 특별히 바르트는 윤리적 성찰이 삼위일체 하나님이 창조자, 화해자, 그리고 구원자로서 인간과 관계하는 방식들의 맥락 속에서 행해져야 한다고 주장한

다. 「교회교의학」에서 바르트의 윤리학에 대한 설명의 구조는 이러한 삼위일체적 형태를 띠고 있다. 하나님에 대한 가르침의 맥락에서 바르트는 「교회교의학」 Ⅱ/2, 8장 "하나님의 명령"에서 일반적 신학적 윤리에 대한 설명을 제시하고 있다. 「교회교의학」 Ⅲ/4에서 창조의 윤리를 설명하고, 「교회교의학」 Ⅳ/4는 바르트가 결국 완성하지 못한 화해의 윤리로 시작한다. 바르트가 계획한 마지막 Ⅴ권을 쓸 수 있었다면, 구원의 윤리로 전체 설명을 마무리했을 것이다.

바르트가 일반 윤리학을 하나님에 대한 가르침을 다루는 부분에 둔 것은 윤리학은 인간들에 대한 것이라는 가정과 현격한 대조를 보이는 것이다. 바르트는 윤리학이 하나님과 함께 시작하고, 도덕법은 하나님의 선택하시는 은혜 안에 위치되는 복음의 또다른 형식이라고 주장한다. "하나님의 명령에 대한 가르침으로써 윤리학은 율법을 복음의 형식, 말하자면 선택하시는 하나님을 통해 인간에게 오는 성화로 해석한다."[33] 이 점에 비추어, 윤리학과 도덕적 탐구에 대해 말해야 할 첫 번째 사항은 인간의 삶은 예수 그리스도 안에서 나타난 하나님의 은혜에 의해 규정되고 형성된 맥락에서 펼쳐진다는 점이다. 우리의 행위들과 관련해서 어떤 결정을 내리기 전에, 혹은 어떤 행위에 종사하기 전에, 우리는 하나님과 이웃과의 언약적 관계를 위해 자유로워진 맥락 안에서 기능한다.

율법이 복음의 형식이라고 주장하는 것은 율법이 은혜에 종속된다는 의미인데, 그 이유는 은혜가 복음에 근본적(본질적)이기 때문이다. 나아가 바르트의 사고에서 이러한 주장은 자연법이 신적인 복음의 계시와 상관없이 알려질 수 있다는 모든 생각을 반대하는 것으로 이해된다. 달리 말하면, 윤리학은 예수와 함께 시작해야 하고, 어떤 다른 인간의 경험의 토대에서 시작해서는 안 된다. 동시에 율법이 복음의 형식이라는 주장은 복음에 대한 도덕적 의무를 부인하는 은혜에 대한 생각을 반대하는 것으로 이해되어야 한다. 복음에서 계시된 하나님의 은혜는 하나님의 명령에 대한 순종을 통한 인간들의 성화를 포함한다.

기독교 윤리학을 복음에 연결시키는 것에 더해서 바르트는 기독교 윤리학의 규범으로써의 하나님의 명령의 개념에 대해 해명한다. 바르트에게 있어서 그리스도는 하나님의 명령의 내용이고, 특수한 상황에서 행동하는 법을 아는 것은 하나님이 그리스도 안에서 말씀해야 하는 것에 주의를 기울이는 것을 의미한다. 이것은 일반적인 지식 혹은 경험에 의해 미리 알려지거나 결정될 수 있는 어떤 것이 아니다. 인간의 문제는 우리 인간이 '선'이 무엇인지를 알고 있고, 따라서 선에 대한 우리의 관념들이 부패되어 우리 자신의 목적들을 섬기는 방식들을 망각하고는, 특수한 행위 과정을 추구한다고 자주 생각하는 것이다. "인간의 확실성의 폐쇄된 원을 깨트리는 것은 우리가 하나님이 말씀하는 것을 이미 알고 있는 것에 동화시킴으로써 계명을 '표준화'(normalizing)하는 것이 아니라 우리의 도덕적 상상력을 펼치면서 하나님이 말씀하시는 것에 주의를 기울이는 것이 요구된다. 선은 결코 단순히 '자연적인 것'이 아니라 하나님의 말씀 자체가 가능하게 하는 그 말씀과의 만남을 통해 배워야 한다."[34] 그리스도인들에게 있어서 선은 어떤 관념 혹은 원리에 의해 구성되는 것이 아니라 그것을 의도하시는 하나님에 의해 우리가 은혜와 화해의 언약 안에서 도덕적으로 책임 있는 동반자가 되어야 한다는 것이다. 바르트의 생각에서, 기독교 윤리학은 안전적인 체계의 확실성들과 관계가 있다기보다는 인간 실존의 지속적인 드라마의 일부인 놀람들(surprises)과 관계가 있다.

달리 말하면, 바르트에게 있어서 하나님의 명령은 언제나 사건이고, 단순히 뭔가 법령으로 형식화될 수 있는 지침이 결코 아니다. 그것은 하나님이 우리와 관계하는 역사 속에서 지속적인 연속성 안에

있는 하나의 에피소드, 즉 사건이다. 그 이유는 예수가 신적인 명령의 내용이기 때문이다. "하나님이 우리에게 의지하시는 것은 그가 우리를 위해 의지하시고 행하신 것과 동일하다. 하나님이 예수를 의지하신다. 이것이 바로 하나님이 그의 명령을 우리에게 알려 주시는 방식이다. 이것이 하나님이 자신을 위해 우리를 주장하시는 방식이다. 이렇게 가장 단순한 공식을 통해 그 문제를 살펴보는 것이 좋다. 그것이 의미하는 바에 대한 모든 상세한 설명들은 오직 끊임없이 이 가장 단순한 공식으로 돌려질 수 있다." 우리는 예수에게서 흘러나오는 빛과 이 가장 단순한 형태의 진리를 계속해서 필요로 한다. "예수의 이름 자체가 하나님의 요구인 신적인 내용의, 하나님의 법의 본질에 대한 의미 (혹은 지시)이다."[35] 그 문제를 이러한 방식으로 기술할 때 바르트는 단순히 예수의 도덕적 가르침이 기독교 윤리학과 기독교적 삶의 중심에 있다고 주장하고 있지 않다. 오히려 바르트는 교훈 대신에 행위를 지시하는 것이다.

예수의 이름이 하나님께서 주시는 명령의 내용이라는 생각은 예수의 역사와 그의 행위가 하나님이 인간과 만드는 언약을 요약하고 완성한다는 것을 의미한다. 예수의 이름에 윤리적인 우선성을 부여하는 것은 우리가 살고 있는 도덕적 세계들을 포함하여 윤리적인 실재, 도덕에 대한 우리 자신의 의미에 담긴 본성, 그리고 특별히 은혜와 화해의 언약에서 우리가 그의 명령을 만나는, 그 하나님이 언제나 예수 그리스도의 행위에 의해 규정된다고 주장하는 것이다. "하나님을 대신해서, 그리고 우리를 대신해서 행동하면서, 예수는 도덕적 진리를 세운다 ; 인간의 선한 행위는 이 진리에 상응하는 행위이다. 하나님의 명령은 단순히 우리가 권세에 굴복해야 한다는 것이 아니라 오히려 우리와 함께하는 하나님의 은혜로우신 역사의 실재와 부합해서

6. 교회교의학 · 165

행동해야 한다는 것이다."36)

율법이 복음의 형식이고 예수의 이름이 하나님의 명령의 내용을 이룬다는 주장은 하나님의 은혜를 예수 그리스도의 실존에서, 그리고 그의 백성을 언약의 확립과 성취를 통해 볼 수 있게 해 준다. 이러한 관점으로부터, 그리고 바르트에 따르면 오직 이러한 관점으로부터만, 우리는 적절하게 윤리적이고 도덕적인 기준들과 행위의 문제에 대한 적절하게 기독교적이고 신학적인 대답을 제공할 위치에 있게 된다. "우리가 무엇을 해야 하는가? 우리는 이 은혜에 상응하는 것을 행해야 한다. 우리는 예수 그리스도와 그 백성의 존재에 응답해야 한다. 우리의 행위로 우리가 이 은혜에 대한 설명이 되게 해야 한다. 그것에 의해, 그리고 오직 그것에 의해 우리는 도전을 받는다. 오직 그것에 우리는 책임이 있다."37)

CHAPTER SEVEN

바르트의 유산

은 퇴

1962년 3월 교수직에서 은퇴할 때 바르트는 개신교 역사에서 가장 중요한 신학자들 가운데 하나로 널리 간주되었다. 그의 이름은 마틴 루터, 장 칼뱅, 그리고 프리드리히 슐라이어마허와 같은 선택받은 이름들의 무리에 포함되었다. 그의 사상은 「로마서 강해」 출판 이래 지속적인 관심의 대상이 되었다. 그리고 이러한 관심은 그의 다른 많은 저작들과 함께 오랜 기간에 걸쳐 지속적으로 저술된 연속 저작인 「교회교의학」과 함께 더욱 증대되었다. 그의 저술은 너무 많아서 저명한 로마가톨릭 신학자인 폰 발타잘은 그를 가리켜 "영원한 풍요의 상징"[1]이라고 했다. 그러나 앞에서 언급했듯이, 바르트는 「교회교의학」을 완성할 수 없었고, 마지막 권(구원론)은 결코 시작조차 할 수 없었다.

바르트는 미처 저술되지 못한 「교회교의학」의 나머지 부분들에 대해 나중에 자주 질문을 받곤 했다. 그는 자주 접할 수 있는 이미 나온 책들을 읽고 연구했는지, 그리고 읽고 연구했다면 얼마나 많이 철저하게 읽고 연구했는지 물음으로써 이러한 질문들에 답변하곤 했다. 또다른 경우에 바르트는 토마스 아퀴나스의 저작들과 많은 성당들과 같은 위대한 중세 신학들의 미완성적인 성격에 주목하게끔 했다. 그리고 때때로 바르트는 '완전'은 신적인 속성들의 축도(縮圖)이기 때문에 인간의 작품에서 그것을 추구하거나 모방하려고 하지 않는 편이 낫다고 재치 있게 대답하기도 했다. 그러므로 「교회교의학」을 완성하려고 하기보다는 불완전하고 미완성적인 상태로 내버려 두는 것이 나았다. 그러나 그는 이렇게 이야기함으로써 마무리하곤 했다. "물론 내 말들은 변명일 뿐이고, 비교한 것은 주제넘는 것이다. 내 말은 그저 내가 시작했던 작품을 계속해서 완성하기 위해 필요한 육체의 근력과 정신적 욕구를 점차 잃게 되어 그것을 가치 있는 방식으로 진행하기에는 실로 너무 늦었다는 단순한 사실을 숨기고 싶은 것일 뿐이다."[2]

완성하지 못했든지 아니면 그렇지 않든지 간에, 바르트는 결코 「교회교의학」을 신학에서 마지막 단어를 가지려는 시도로 간주하지 않았다. 바르트는 신학에서 마지막 단어를 가지려는 시도를 불가능한 것으로 간주했다. 오히려 그는 자신의 저작을 결론이 아니라 신학의 적절한 방향에 대한 새로운 대화의 개시로 보았다. 따라서 마지막 강의에서 바르트는 그가 시작했고 견지했던 동일한 어조로 말함으로써 그의 공식적인 교수 경력을 마감했다. 바르트는 신학활동과 그 방향에 대해 이렇게 말했다. "그것(신학활동)을 시작하는 누구나 이미 해결된 물음들, 이미 성취된 결과들 혹은 이미 확신된 결론들에 대한 완전한 확신을 가지고 신학활동을 수행해 나갈 수 없다. 그는 매일, 실로 매시간 맨 처음에서 다시 시작하게 된다."³⁾

평생에 걸쳐서 바르트의 신학에 대해 감수해야 하는 도전의 일부는 바르트 자신의 방대한 전체 저작에 더해, 그가 '끔찍스럽게' 많다고 언급한 바 있는 유럽과 북미에서 그의 사상에 대해 쓰여진 수많은 책들이다. 바르트는 생애에 그렇게 많은 연구와 서술의 대상이 된 신학자들이 거의 없었다는 사실과 이러한 사실이 때때로 마치 그가 특별

7. 바르트의 유산 • *169*

히 흥미 있는 병에 걸려서 "수술대 위에서 흰 가운을 입은 수많은 나이든, 그리고 젊은 고명한 의사들에 의해 둘러싸인 채 내 다양한 장기들의 상태와 조건과 그것들의 기원에 대해 전문적인 이해의 정도에 따라 발견한 것을 이런 말 혹은 저런 말로 지껄이는 소리를 들어야 하는"[4) 환자처럼 자신을 느끼게 했다. 그러나 「교회교의학」과 여타의 저작에서 자신의 신학 방법을 해명하고 예시하려는 그의 시도에도 불구하고, 또 접할 수 있는 그의 사상에 대한 수많은 연구들에도 불구하고, 바르트는 많은 사람들이 그의 저작을 읽고 연구하고 상세하게 주석했지만, 신학의 방향에 대한 그의 처방들이 다양한 이유로 발전적으로 계승되지 못한 것에 대해 염려했다. 바르트는 그의 저작, 특별히 「교회교의학」이 온전히 이해되기 위해서는 자신의 시간을 기다려야 할 것이라고 결론을 내렸다.

칼 바르트는 1968년 12월 10일 바젤에서 죽었다. 그가 죽은 후에 그의 신학에 대한 관심은 점차 시들기 시작했고, 1990년대 초가 되어서야 비로소 바르트가 "습관적으로 존중을 받았지만 많이 읽혀지지 못하는 의심스러운 영예를 획득했다."[5)는 정당한 평가를 받았다.

부활한 바르트

10년 후, 21세기가 시작되는 시점에서 상황은 상당히 바뀌어 바르트 연구에 대한 관심이 부활하는 충분한 증거가 목격된다. 최근 몇 년 동안 꾸준한 추세로 바르트 신학에 대한 해석을 제공하는 단행본들, 논문들, 학위논문들이 다시 나오고 있다. 북미 칼바르트학회는 번창하고 있다. 프린스턴 신학교에 새롭게 세워진 바르트 연구센터는 그의 사상에 대한 학문적이고 교회적인 관련성을 증진시키는 역할을 감당하고 있다. 가장 중요한 발전은 바르트가 다시 읽혀지고 있다는 것인데, 그것도 광범위하게 읽혀지고 있다는 점이다.

바르트 사상에 대한 관심이 다시 살아나는 데는 적어도 두 가지의 이유가 있다. 첫째는 단순히 바르트가 그의 저작에서 실제 말하려고 한 것에 대한 보다 정확한 개념을 지지해 주는 것을 파악하기 위한 역사적 연구에 대한 관심이다. 지난 25년 넘게 스위스 판 바르트의 선집에 담긴 강의들, 설교들, 그리고 서신들과 같은 전에 출판되지 못한 방대한 양의 중요한 자료들이 널리 이용될 수 있게 되었다. 특별히 중요한 자료는 신학 교수로서 바르트의 초기 시절에 진행된 일련의 강의들이다. 이들 자료에 대한 접근 가능성이 바르트 사상의 발전을 주의 깊게 탐구할 기회를 제공해 주었다. 이러한 비평적인 연구는 바르트 신학사상의 발전에 대한 표준적인 윤곽, 특별히 바르트가 그의 초기 신학의 특성을 이루는 변증법적 사유를 버렸다는 생각에 대한 중요한 수정을 가능하게 했다. 이러한 수정이 다시 「교회교의학」에 담긴 그의 성숙한 신학의 정확한 윤곽과 관련하여 중요한 변경을 가능하게 해 주었다.

바르트에 대한 새로운 관심의 두 번째 이유는 변화하는 문화적 환경에서 생겨나는 신학을 위한 새로운 기회들에서 찾을 수 있다. 21세기로 들어섬에 따라, 신학은 계몽주의에 의해 태동된 근대 세계의 가정들이 붕괴됨에 따라 생겨난 변화와 동요의 상태에 놓이게 되었다. 이러한 붕괴는 확실하고, 객관적이고, 보편적인 지식에 대한 근대 과학적인 탐구를 위축시키는 비판과 근대 이후의 새로운 형식의 담론에 관계하려는 시도로 특징되는 '후기근대 사유'(postmodern thought)의 등장으로 귀결되었다. 지식과 지적인 추구를 위한 새로운 패러다임들을 구축하려는 이러한 후기근대의 시도는 지난 10년 동안 신학에 상당히 중요한 변화를 줌에 따라 다양한 배경과 전통에 속한 신학자들이

이미 인지된 근대성의 실패에 의해 생긴 "빈 공간을 채우려고" 시도해 왔다. 놀랍고도 다소 역설적이게, 칼 바르트의 사상은 근대성 이후에 신학을 다시 생각하려는 이러한 최근의 몇몇 시도들과 긴밀하게 연결된다. 포스트모더니즘의 어떤 지적인 경향성들과 바르트 신학의 이미 인지된 유사성은 몇몇 해석자들로 하여금 자신을 19세기의 아들이요, 동시에 비판가로 간주한 바르트가 다가올 세기에 가장 큰 영향을 미칠 것이라는 주장을 제기하게끔 했다.

현재 바르트에 대한 북미 신학계의 이해에 있어서 가장 중요한, 바르트의 저작에 대한 두 가지의 접근(해석)을 간단하게 언급할 것이다. 계시의 '소여'(所與, givenness)와 하나님에 대한 지식을 적극적으로 강조하는 '신정통주의'(neo-orthodox) 해석들과 하나님의 절대적 '타자성'(otherness)과 계시의 '비소여'(非所與, nongivenness)를 강조하는 후기근대적 해석들이 그것이다. 이러한 두 가지 해석을 위해 바르트 신학이 지니는 중요성은 현재 신학의 구축에 있어서 바르트 사상의 지속적인 의미와 그의 사상이 발전되어 온 다양한 방식들을 지시해 준다.

바르트에 대한 해석들 : 신정통적 해석과 후기근대적 해석

영어권에서 바르트의 신학에 대한 가장 유력한 접근은 신정통주의 해석이다. 신정통주의 해석은 바르트의 신학이 근대 세계의 통찰들을 이해하는 가운데 구 개신교 정통주의를 수정해 내는 방식들을 제시한다. 바르트에 대한 이러한 해석에서 바르트 신학의 약간의 주요 주제들, 예컨대 하나님과 인간 사이의 무한한 질적 구별, 예수 그리스도 안에 나타난 하나님의 계시의 전적인 독특성, 자연신학에 대한 거절과 바르트 신학의 변증법적 성격이 상대적으로 일식(日蝕)된다. 그 결과는 바르트의 신학사상이 지닌 가장 근본적이고 흥미로운 특성을 인식하고 전달해 주지 못하는 바르트 신학에 대한 전적으로 무딘 견해로 귀결된다. 많은 이유 때문에 신정통주의 해석은 바르트의 생애에 영미권에서 가장 쉽게 소화될 수 있었고, 「교회교의학」에 대한 많은 문화적 번역은 바르트를 영미권에서 보다 더 잘 받아들여질 수 있게 하는 데 기여했다.

어떤 학자가 표현하듯이, 바르트의 사상을 보다 수용 가능한 신학에 대한 사고로 일치시키기 위해 바르트 사상의 어떤 양상들을 적응시키고 개혁하는 '표준화의 과정'(a process of normalization)이 발생했다.[6] 간단히 말해서 영어권에서 받아들여진 바르트에 대한 해석과 이러한 배경에서 바르트 신학에 대한 이해를 지배하게 된 해석이 바르트 신학의 변증법적 가정들과 성격을 현저하게 잃어버리고 있었다는 것이다.

　　이러한 신정통주의 해석은 또한 가톨릭 신학자인 폰 발타잘이 바르트 신학에 관한 그의 유명한 연구서에서 상세하게 개진하고 해명한 바르트의 신학적 발전에 대한 가장 보편적으로 받아들여진 설명에 의해 가능하게 되었다.[7] 1951년에 독일에서 출판된 초판에서 폰 발타잘은 바르트의 신학이 전개되는 과정에 있어서 그의 사고에 두 번의 주요한 이행(shifts)이 있었다고 주장했다. 첫째 이행은 바르트가 자유주의 신학을 거절하고 신학적 논제와 반제를 종합시키지 않으면서 논제를 반제에 대립시키는 변증법적 방법으로 이행했던 1918년에 일

174 • 쉽게 읽는 바르트 이야기

어났다. 이러한 변증법적 방법이 바르트의 매우 영향력 있는 「로마서 강해」로 귀결되었고, 1931년까지 그의 사고를 특징짓고 있다고 본다. 그런 다음 1931년 안셀름에 대한 책은 제2의 이행, 이번에는 변증법에서 유비로의 이행을 나타내는 것으로 간주된다. '유비로의 이행'은 바르트가 변증법적 방법을 버리고 신정통주의로 알려지게 된 보다 '객관적'이고 '실증주의적'인 신학 방법을 채택하는 시점을 나타낸다. 따라서 우리는 바르트의 지적인 여정을 세 국면으로 제시한다. 즉 초기의 자유주의적 바르트 ; 변증법적 바르트 ; 그리고 보다 이른 시기의 변증법적 방법을 포기한 「교회교의학」의 성숙한 신정통주의적 바르트가 그것이다. 이러한 전 과정이 다양한 방식의 뉘앙스를 지니고 있지만, 그 기본적 형식은 바르트의 역사적 발전에 대한 표준적인 설명과

7. 바르트의 유산 • *175*

「교회교의학」에서 그의 결정적인 신학적 표현의 외형과 내용을 해석하기 위한 중요한 배경으로 확고하게 설정되었다.

보다 최근의 두 번째 해석은 후기근대 사상의 어떤 양상들과 연결될 수 있고, 그의 초기 저작들에서 강조되는 '전적 타자'로서의 하나님에 대한 주제를 전개하는 방향으로 나아간다. 이러한 접근의 기본적인 방향은 유한한 인간은 단순히 어떤 특수한 언어적 맥락 속에서 하나의 특수한 신학 체계를 기술할 수 없는 것은 말할 것도 없고, 단일한 언어적 맥락 속에서 무한한 하나님을 기술할 수 없다고 주장한다. 이러한 접근을 주장하는 학자들은 바르트를 후기근대 철학과의 대화의 장으로 초대하려고 한다. 이들 학자들 가운데 두 학자를 간단하게 언급할 것이다. 월터 로우(Walter Lowe)[8]와 그래함 워드(Graham Ward)[9]가 그들이다. 로우와 워드는 바르트를 프랑스 후기근대 언어철학과 문학이론가인 자끄 데리다(Jacques Derrida)와의 대화의 장으로 초대해서 그 둘 사이의 유사성을 이끌어 내려고 한다.

로우는 1922년에 출판된 로마서 강해 2판에 주의를 기울인다. 바르트는 로마서 강해 2판에서 하나님과 하나님의 세계와의 관계 문제를 결정적으로 해결했다고 주장하는 모든 인간의 신학적 자기만족(complacency)을 문제시한다. 로우는 바로 이 초기 바르트의 주제를 데리다의 저작과 병행시킴으로써 효과적으로 교회의 하나님 개념의 역사적 실재를 근본적으로 모호하게 만드는 형이상학을 비판적으로 고찰한다. 그러나 이러한 논제를 전개하면서 로우는 진리 문제에 거의 관심을 두지 않고 데리다를 단지 탈구축적(脫構築的)인 허무주의자(a deconstructive nihilist)로 간주하는 해석을 받아들이지 않는다. 로우는 데리다가 상대주의적인 허무주의자가 아니고, 그의 사상이 그러한 목적을 뒷받침하기 위해 적절하게 사용될 수 없다고 주장한다. 로우는 후기근대 사상에서 흔히 나타나는 그릇된 이행의 문제를 지적한다.

로우가 보기에, 그러한 그릇된 주장에 따르면, 진리는 종국적으로 완전히 포착될 수 없다고 생각하면서 진리에 대한 질문 자체가 포기되어야 한다고 결론을 내린다. 그러나 로우는 진리의 문제는 처분되어서도 안 되고, 처분될 수도 없고, 오히려 유한한 인간의 조건의 맥락적 본성에 비추어 다시 생각해 볼 필요가 있는 실재(a reality)라고 주장한다. 바르트와 데리다의 유사성에 대한 로우의 해석의 목적은 탈구축적일 뿐 아니라 하나님의 근본적 타자성에 기초한 새로운 비판적이고 구성적인 신학의 가능성을 열어 보이기 위한 것이다.

로우가 자신의 논제를 전개하기 위해 「로마서 강해」 2판의 초기 바르트를 탐색한다면, 워드는 인간의 언어가 실재에 대한 직접적인 접근을 적합하게 제공해 줄 수 없다는 인식에 의해 야기된 신학에 대한 도전들을 논의하기 위해 「교회교의학」의 후기 바르트를 탐색한다. 워드에게 있어서 하나님과 신학의 가능성에 대한 물음을 제기하고, 그가 보기에 바르트 사상이 등장하게 되는 맥락을 제공하는 것은 이러한 '표상의 위기'(crisis of representation)이다. 워드는 바르트에게 있어서 중심적인 도전은 언어 일반의 의미성에 대한 신학적인 설명을 제시하고, 하나님의 말씀이 인간의 언어로 표현되는 방식에 대한 물음을 구체적으로 다루는 것이었다.

그러나 워드에 따르면, 신학적 언어의 문제를 해결하려는 바르트의 시도는 한편으로 돌파구를 제시하지만 결국 논리적인 모순으로 귀결되는데, 바로 이 문제가 워드로 하여금 데리다에게 호소하게 만든다. 데리다는 신학적 언어에 대한 바르트의 사고에 보다 큰 논리적 타당성을 제공해 주기 위해 바르트에게 첨가될 수 있는 '철학적인 보완'을 제공해 주는 사상가이다. 이렇게 바르트와 데리다를 연계시키는 작업은 하나님의 말씀과 인간의 언어에 대한 후기근대적인 신학의 전개를 위해 필수적인 조건들의 구축(構築)으로 귀결된다. 워드에게

있어서 이러한 구축의 결과는 인간의 언어 안에서 하나님의 현존(現存, presence)이 부재(不在, absence)의 현존이 되는 후기근대적 바르트주의로 나타난다. 달리 말하면, 유한한 인간이 하나님에 대해 실재로 '알' 수 있는 것은 하나님의 근본적 감추임(hiddenness)과 불가해성(incomprehensibility)이다. 하나님의 근본적 타자성에 대한 이러한 강조는 자유주의와 보수주의 모두에게 신학적 과제에 대한 설명에 있어서 중요한 변화를 요구한다.

변증법적 바르트

바르트의 신학사상에 대한 이 두 해석이 바르트의 저작들에서 그 지지를 위한 전거를 가지고 있는 것이 틀림없지만, 이 두 해석이 바르트의 신학사상 전체를 실제로 정당하게 다루고 있는지는 여전히 의문이다. 여기서 변증법적 신학자로서 바르트의 중요성이 대두된다. 앞 장에서 헌싱어의 연구를 간결하게 살펴보았듯이, 만일 신학이라는 독특한 주제의 본성 때문에 항상 맨 처음으로 돌아가 다시 시작해야만 하는 신학의 방향과 형식과 관련해서 바르트가 전달하려고 했던 메시지를 우리가 포착하기 위해서는 바르트를 변증법적 신학자로 해석해야 한다. 바르트의 신학사상에 대한 이러한 변증법적 접근은 그의 저작을 해석하기 위한 표준적인 패러다임의 정당성과 관련해서 함축적으로 여러 문제들을 제기한다.

헌싱어는 이 문제를 적어도 함축적으로 제기한다. 헌싱어는 바르트에 대한 책임적인 비판이 이루어지기 전에 "다양한 부분들 간의 비례적 관계에 대한 보다 믿을 만한 설명뿐 아니라 전 영역에 대한 보다 믿을 만한 설명"[10]이 확실하게 제시되어야 한다고 주장한다. 헌싱어가 바르트 신학에 대한 신선한 해석을 제시하려고 한다면, 브루스 맥코맥(Bruce McCormack)은 헌싱어에 의해 제시된 해석을 풍부하게 하는 그 역사적 기원과 전개에 대한 수정된 이해를 제안한다.[11]

맥코맥은 자신의 책에서 바르트의 초기 저작들과 그것들이 등장한 맥락에 대한 상세하고, 세심하며, 박학한 해석을 제공한다. 맥코맥의 연구는 영어권에서 이루어진 바르트 해석 가운데 가장 획기적인 것으로 통한다. 맥코맥은 바르트의 신학적 자유주의와의 결별과 변증법적 신학사상의 발전 후에 바르트의 사고에서 더 이상의 후속적인 결정적 이행 혹은 전환은 일어나지 않았다고 주장한다. 폰 발타잘의 공식인 "변증법에서 유비로의 이행"이 주장하듯이, 변증법은 결코 단순히 폐기된 것이 아니다. 맥코맥은 폰 발타잘의 해명이 지닌 커다란 약점은 칼 바르트가 「교회교의학」에서조차 여전히 진정한 의미에서 변증법적 신학자로 남는 정도를 숨기는 것이라고 주장한다. 따라서 바르트의 신학은 바르트 자신이 신선한 통찰들을 얻음에 따라 발전한 것이 틀림없지만, 이러한 통찰들은 항상 근본적으로 변증법적 신학의 맥락 속에서 견지되었다. 이 점을 인식하지 못한 것이 그의 신학을 과도하게 실증주의적인 신정통주의적인 해석의 방향으로 나아가게 했다. 바르트는 신정통주의자라기보다는 변증법적 신학자이다. 그의 사상은 앞 장에서 논의된 간접적인 동일성과 감추임과 드러남의 변증법이라는 생각에 의해 지배되고 있다. 바로 이 감추임과 드러남의 변증법이 바르트의 전체 신학 방법에서 그 변증법적 성격을 인식하지 못하게 하고, 불가피하게 중요한 해석적 왜곡으로 나아가게 하는 요인이 된다.

바르트 신학의 지속적인 변증법적 성격에 대한 이해의 실패는 이미 언급한 바 있듯이 정확히 신정통주의 해석과 후기근대적 해석 모두의 문제이다. 감추임과 드러남의 변증법은 이 두 해석 모두에서 파괴되고 있다. 물론 다른 방향에서 파괴되고 있기는 하지만 말이다. 신정통주의 해석의 경우에 계시에서 하나님의 소여는 바르트를 잠재적으로 계시의 전체를 성서적 증언의 본문 속으로 무너뜨리는 계시실증주의자로 만드는 방식으로 강조되고 있다. 하나님의 전적인 타자성을 강조하는 후기근대적 해석의 경우에는 계시에서 하나님의 비소여와 감추임이 잠재적으로 바르트를 신학적인 회의주의자로 만드는 방식으로 강조되고 있다. 이 두 접근의 어려움은 그것들이 완전히 비변증법적인 바르트로 끝나 버린다는 데 있다. 그러므로 이 두 해석은 바르트 신학에 대한 부적합한 설명들이다. 그 이유는 이 두 해석이 바르트의 저작들에서 나타나지 않는 주제들을 강조했기 때문이 아니라 오히려 자기 해석을 뒷받침하기 위해 바르트 사상의 특수한 양상들에 사실상 호소하고 있다는 사실에도 불구하고 바르트 저작의 전체, 특별히 그 변증법적 성격에 대한 적합한 설명을 제공해 주지 못했기 때문이다.

현재 신학을 수행하는 데 있어서 이러한 바르트에 대한 관심의 부활의 의미는 무엇인가? 이미 앞에서 주목했듯이, 현재 출현하고 있는 후기근대적 상황은 근대 이후의 현재 상황을 보다 효과적으로 다룰 수 있는 새로운 신학적 패러다임을 위한 탐구를 촉발시켰다. 이러한 논의에서 중심적인 질문들 가운데 하나는 성서적이고 고백적인 신학을 후기근대성의 특정 관심사들과 양립하게 하는 것과 관계가 있다. 간단히 말해서, 현재의 후기근대 문화의 도전들을 진지하게 다루는 건강한 의미의 고백적 신학을 생각하는 것은 단순히 모순어법인가 아니면 참다운 가능성인가? 바르트의 사상은 그러한 고백적 신학

의 잠재적 모습에 대단히 시사(示唆)하는 바가 클 뿐 아니라 그것이 가능하고 또 바람직하다는 것을 함축하는 것으로 이해할 수 있다.

바르트는 주석적이고 교의학적인 문제들에 주로 관심을 가진 개혁교회 전통의 고백적 신학자로 신학을 수행했다. 그는 하나님이 말씀하셨고, 알려질 수 있다는 사실을 강조하면서도 동시에 하나님의 감추임과 계시가 인간에 결코 단순하게 주어지지 않고, 인간이 결코 마음대로 통제할 수 없는 방식들을 강조하면서 성서적인 신학자로서 생각하면서 저술했다. 바르트는 자유주의와 보수주의의 신학 방법을 뒤흔드는 신학적 언어의 본성에 대한 문제들을 제기한다. 나아가 바르트가 이러한 주제들을 다루면서 내린 결론은 후기근대 사유의 양상들과 어떤 공통점을 지니고 있다. 꼭 기억해야 할 것은 바르트의 일차적인 강조점이 철학적이기보다는 신학적이라는 점이다. 이것은 바르트가 이러한 주제들을 전개하고, 그것들을 다루는 접근이 일차적으로 살아 계신 하나님의 자기 계시를 신실하게 증언하는 성서적 교의학을 제시하기 위한 그의 관심에 의해 인도되고 있다는 것을 뜻한다.

그러나 바르트의 신학이 후기근대 이론들과 상통하는 어떤 관심사들을 해명한다는 주장을 통해 바르트 자신이 후기근대 사상가라는 결론을 내려서는 안 된다. 바르트가 근대성의 양상들에 도전한 것은 틀림없지만, 많은 면에서 바르트가 여전히 철저한 근대 신학자인 것도 또한 사실이다. 그의 사상은 20세기 후반과 21세기 초반의 어떤 주제들과 공명할 뿐 아니라 19세기의 주제들과도 공명한다. 바르트는 후기근대 상황에 말할 수 있는 사상가로 가장 잘 간주될 수도 있는데, 그 이유는 그가 후기근대 신학자이기 때문이 아니라 오히려 그가 성서적 교의학의 틀 안에서 어떤 후기근대적 문제들과 관심사들을 예견했기 때문이다. 신정통주의 해석과 후기근대적 해석이 지닌 문제는 이러한 주제들과 관심사들이 실제 바르트의 저작들에서 존재하지도 않는데 찾아내려고 했다는 점에 있는 것이 아니라 오히려 그것들이 바르트 신학의 전체 틀 속에서 해명되고 전개되지 못했다는 점에 있다.

그럼에도 불구하고 이러한 주제들이 나타난다는 사실은 바르트의 변증법적으로 인식된 성서적 교의학 안에서 그 주제들을 재해명하는 작업이 이제 떠오르고 있는 세 번째 천년의 문화에 의해 제기된 지적인 도전들을 다루려고 하는 기독교 신학의 신선하고 건설적인 가능성들로 가득 넘치는 연구과제임을 제시해 준다.

결론 : 천사들의 웃음

바르트는 자신의 신학을 목적 자체로 삼으려고 하지 않았다. 그것의 목적은 예수 그리스도 안에서 계시된 하나님을 증거하고 독자들을 인도하여 신학의 살아 있는 주제를 살피게 하는 것이었다. 바르트의 저작은 「나니아 연대기」(Chronicles of Narnia)의 결론에서 나오는 루이스(C. S. Lewis)의 비전처럼 항상 더 배울 것이 있다는 희망에 찬 기대를 가지고 계속적인 연구로 초대한다. 「나니아 연대기」에서 하늘, 진리, 그리고 하나님에 대한 지식이 "위로 더욱 높이, 안으로 더욱 깊이" 나아가는 여행을 통해 실행되는 계속적인 발견의 과정에 종사하는 것처럼 은유적으로 그려지고 있다. 신학 연구는 은혜, 진리, 그리고 하나님의 사랑 속으로 들어가는 결코 끝나지 않는 여행을 시작하라는 초대이다. 그러므로 마치 그 연구와 성찰이 목적 자체로 간주될 수 있는 양, 바르트의 신학에 쏟아진 광범위하고 세심한 엄청난 주목을 바라보며 바르트는 언제나 다소 흥미롭게 여겼다.

"천사들이 늙은 칼(Karl)을 보고 웃는다. 그가 교의학 책에서 하나님에 대한 진리를 잡으려고 하기 때문에 천사들이 그를 보고 웃는다. 한 권 후에 다른 권이 뒤따르고 나중이 이전보다 더 두껍다는 사실에 천사들이 웃는다. 천사들이 웃으며 서로에게 말한다. '보라! 그가 지금「교회교의학」책으로 가득한, 작은 손수레를 밀고 온다!' ― 그리고 바르트가 쓰려고 하는 것들에 대해 쓰기보다 칼 바르트에 대해 그렇게도 많이 쓰는 사람들에 대하여 천사들이 웃는다. 실로 천사들이 웃는다."[12]

NOTES

각 장의 주

2장. 자유주의 신학과의 결별

1. Eberhard Busch, *Karl Barth : His Life from Letters and Autobiographical Texts* (Philadelphia : Fortress Press, 1976), 54.
2. Ibid.
3. Karl Barth, *The Humanity of God* (Atlanta : John Knox Press, 1960), 14.
4. Karl Barth, *The Theology of Schleiermacher* (Edinburgh : T. & T. Clark, 1982), 264.
5. Ibid.
6. Karl Barth, *The Word of God and the Word of Man* (London : Hodder & Stoughton, 1928), 37.
7. Busch, *Karl Barth*, 92, 97.

3장. 새로운 신학

1. Karl Barth, *The Epistle to the Romans* (London : Oxford University Press, 1933), 2.

2. Ibid., 1.
3. Ibid., 10.
4. Barth, *Word of God*, 186.
5. Ibid., 272.
6. Ibid., 273.
7. Ibid., 277.
8. Ibid., 278.
9. Ibid., 281.
10. Ibid., 281-282.
11. Ibid., 282-283.
12. Ibid., 285.
13. Busch, *Karl Barth*, 111.

4장. 불가능한 가능성

1. Busch, *Karl Barth*, 126.
2. Ibid., 129.
3. Ibid., 127.
4. Ibid.
5. Ibid.
6. Ibid., 132.
7. Barth, *Word of God*, 186.
8. Ibid., 203.
9. Ibid., 204.
10. Ibid., 206.
11. Ibid., 207.
12. Ibid., 211.
13. Karl Barth, *Church Dogmatics I/1 : 16* (Edinburgh : T. & T. Clark, 1975), (이하에 *CD*로 인용함.)
14. Karl Barth, *Reformed Dogmatics*의 서문, Heinrich Heppe (London : Allen & Unwin, 1950), v.

15. Ibid.
16. Ibid.
17. Karl Barth, *Göttingen Dogmatics : Instruction in the Christian Religion* (Grand Rapids : Wm. B. Eerdmans, 1991), 1 : 386.
18. Ibid., 1 : 294.
19. Ibid., 1 : 39.
20. Karl Barth, *Word of God*, 169.
21. Karl Barth, *Göttingen Dogmatics*, 1 : 270.
22. Ibid., 1 : 428.

5장. 기독교적인 증언

1. Karl Barth, *Theology and Church* (New York : Haper & Row, 1962), 282.
2. Ibid., 314.
3. Hans Urs von Balthasar, *The Theology of Karl Barth*, trans. Edward T. Oakes, SJ (San Francisco : Ignatius Press, 1992), 23.
4. Barth, *CD* I/1, xii-xIII.
5. Busch, *Karl Barth*, 217.
6. Timothy J. Gorringe, *Karl Barth : Against Hegemony* (Oxford : Oxford University Press, 1999), 119-120.
7. Busch, *Karl Barth*, 245.
8. John Leith, ed., *Creeds of the Churches*, 3rd. ed. (Atlanta : John Knox Press, 1982), 520-522.
9. Busch, *Karl Barth*, 248.
10. Ibid., 255.

6장. 교회교의학

1. Karl Barth, *Anselm : Fides Quaerens Intellectum* (London : SCM Press, 1960).
2. Karl Barth, *How I Changed My Mind* (Richmond : John Knox Press,

1966), 43-44.
3. Karl Barth, *Protestant Theology in the Nineteenth Century*, new ed. (Grand Rapids : Wm. B. Eerdmanns, 2002), 3.
4. Karl Barth, *Dogmatics in Outline* (New York : Harper & Row, 1959), 9.
5. Karl Barth, *CD* I/2 : 868.
6. John Webster, *Barth* (London : Continuum, 2000), 13-14.
7. George Hunsinger, *How to Read Karl Barth : The Shape of His Theology* (New York : Oxford University Press, 1991).
8. Ibid., vii.
9. Ibid., ix.
10. Ibid., vIII.
11. Karl Barth, *CD* I/1 : 3.
12. Ibid., I : 12.
13. Ibid., I : 23.
14. J. Webster, *Barth*, 57.
15. Barth, *CD* I/1 : 296.
16. Joseph Mangina, *Karl Barth : Theologian of Christian Witness* (Louisville, KY : Westminster John Knox Press, 2004), 37-38.
17. Barth, *CD* I/1 : 295.
18. Ibid., II/1 : 321.
19. Ibid., II/2 : 3.
20. Ibid., II/2 : 145.
21. Webster, *Barth*, 92.
22. Barth, *CD* II/2 : 509.
23. Ibid., III/1 : 3.
24. Ibid., III/1 : 29.
25. Webster, *Barth*, 97-98.
26. Barth, *CD* III/1 : 43.
27. Webster, *Barth*, 98.
28. Barth, *CD* III/3 : 3.
29. Ibid., *CD* III/3 : 12.
30. Mangina, *Karl Barth*, 99.

31. Barth, *CD* Ⅳ/1 : ix.
32. Eberhard Busch, *The Great Passion* (Grands Rapids : Wm. B. Eerdmans, 2004), 52.
33. Barth, *CD* Ⅱ/2 : 509.
34. Mangina, *Karl Barth*, 147.
35. Barth, *CD* Ⅱ/2 : 568.
36. Webster, *Barth*, 155.
37. Barth, *CD* Ⅱ/2 : 576.

7장. 바르트의 유산

1. Busch, *Karl Barth*, 441.
2. Ibid., 487.
3. Ibid., 456.
4. Ibid., 489-490.
5. Hunsinger, *How to Read Karl Barth*, 27.
6. Richard Roberts, "The Reception of the Theology of Karl Barth in the Anglo-Saxon World : History, Typology and Prospect," in *Karl Barth : Centenary Essays*, ed. Stephen W. Sykes (Cambridge : Cambridge University Press, 1989), 125.
7. Balthasar, *Theology of Karl Barth*.
8. Walter Lowe, *Theology and Difference : The Wound of Reason* (Bloomington : Indiana University Press, 1993).
9. Graham Ward, *Barth, Derrida, and the Language of Theology* (Cambridge : Cambridge University Press, 1995).
10. Hunsinger, *How to Read Karl Barth*, x.
11. Bruce McCormack, *Karl Barth's Critically Realistic Dialectical Theology : Its Genesis and Development 1909-1936* (Oxford : Oxford University Press, 1995).
12. Karl Barth, Robert McAfee Brown, introduction to *Portrait of Karl Barth*, by George Casalis (Garden City, NY : Doubleday, 1963), 3에서 재인용.

쉽게 읽는
바르트 이야기

초판발행	2012년 8월 20일
2쇄발행	2016년 3월 30일

지은이	존 프랑크
그린이	론 힐
펴낸이	채형욱
펴낸곳	한국장로교출판사
주 소	03128 / 서울특별시 종로구 대학로3길 29 한국교회100주년기념관 별관
전 화	(02) 741-4381 / 팩스 (02) 741-7886
영업국	(031) 944-4340 / 팩스 (02) 944-2623
등 록	No. 1-84(1951. 8. 3.)

ISBN 978-89-398-0524-8 / Printed in Korea
값 8,000원

편집장	정현선		
교정·교열	이슬기	**본문·표지디자인**	최종혜
업무부장	박호애	**영업부장**	박창원

※ 이 출판물은 저작권법에 의해 보호를 받는 저작물이므로 무단전재와 무단복제를 할 수 없습니다.